돈 키호테 1
DON QUIJOTE 1

다락원 스페인어 학습문고 ❸
돈 키호테 1

지은이 Miguel de Cervantes Saavedra
각색 Begoña Rodríguez Rodríguez
그림 José Luis Navarro
번역 및 해설 서경석
녹음 Alejandro Sánchez Sanabria
펴낸이 정규도
펴낸곳 (주) 다락원

초판 1쇄 인쇄 2019년 4월 1일
초판 1쇄 발행 2019년 4월 8일

책임편집 이숙희, 한지희, 이재원
디자인 구수정, 윤현주

다락원
주소 경기도 파주시 문발로 211
전화 (02)736-2031(내선 420~426)
팩스 (02)738-1714

출판등록 1977년 9월 16일 제406-2008-000007호
공급처 (주) 다락원
구입문의 전화: (02)736-2031(내선 250~252)
팩스: (02)732-2037

값 10,000원

ISBN 978-89-277-3233-4 18770
978-89-277-3207-5(set)

http://www.darakwon.co.kr
다락원 홈페이지를 통해 주문하시면 상세한 출판 정보와 함께 MP3 자료 등 다양한 어학 정보를 얻으실 수 있습니다.

머리말

"다락원 스페인어 학습문고" 시리즈는 스페인어를 배우고자 하는 사람이라면 누구나 꼭 읽어 봐야 하는 대표적인 스페인 문학 작품을 선별하여 학습자 수준에 맞춰 현대 스페인어로 각색한 책입니다. 세르반테스 문화원 커리큘럼(PCIC)의 읽기 레벨을 기준으로 A2, B1, B2로 나누었으며, 스페인어 학습자들이 보다 쉽고 재미있게 스페인 명작을 읽으며 독해력을 향상시킬 수 있도록 했습니다.

해당 레벨에서 알아야 할 필수 어휘와 표현을 제시하여 사전 없이 읽기에 부담이 없게 하였고, 독해에 필요한 문형과 문화적 배경에 대한 설명도 실어 학습자의 이해를 도왔습니다. 더불어 다양한 유형의 연습 문제와 직역에 가까운 번역을 수록하여 다시 한 번 내용을 점검하고 확인할 수 있도록 하였습니다. 또한, 원어민의 낭독이 담긴 음원을 통해 생생하게 책을 이해할 수 있게 하였습니다.

"다락원 스페인어 학습문고" 시리즈를 통해 여러분의 스페인어 공부가 좀 더 즐거워지기를 바랍니다.

다락원 스페인어 학습문고 연구회

일러두기

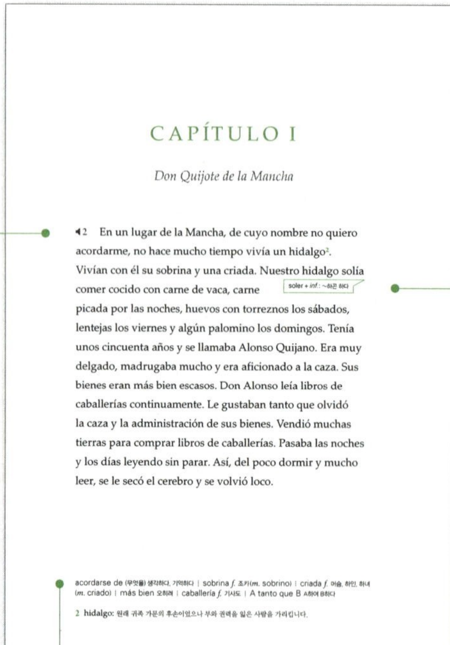
CAPÍTULO I

Don Quijote de la Mancha

◀2 En un lugar de la Mancha, de cuyo nombre no quiero acordarme, no hace mucho tiempo vivía un hidalgo[2]. Vivían con él su sobrina y una criada. Nuestro hidalgo solía comer cocido con carne de vaca, carne picada por las noches, huevos con torreznos los sábados, lentejas los viernes y algún palomino los domingos. Tenía unos cincuenta años y se llamaba Alonso Quijano. Era muy delgado, madrugaba mucho y era aficionado a la caza. Sus bienes eran más bien escasos. Don Alonso leía libros de caballerías continuamente. Le gustaban tanto que olvidó la caza y la administración de sus bienes. Vendió muchas tierras para comprar libros de caballerías. Pasaba las noches y los días leyendo sin parar. Así, del poco dormir y mucho leer, se le secó el cerebro y se volvió loco.

soler + *inf.*: ~하곤 하다

acordarse de (무엇을) 생각하다, 기억하다 | sobrina *f.* 조카(*m.* sobrino) | criada *f.* 여승, 하인, 하녀 (*m.* criado) | más bien 오히려 | caballería *f.* 기사도 | A tanto que B A하여 B하다

2 **hidalgo:** 원래 귀족 가문의 후손이었으나 부와 권력을 잃은 사람을 가리킵니다.

듣기

장별로 구분한 내용 전문을 원어민의 생생한 낭독이 담긴 음원으로 들을 수 있습니다.

문형 · 문화 해설

학습자들이 내용을 이해하는 데 필요한 스페인어 문형, 문장 구조, 문화적 배경, 속담 등을 알기 쉽게 설명해 주었습니다.

어휘 설명

A2 학습자의 수준에 맞춰 실제 사용 빈도수가 높은 어휘는 본문에 *로 표시하였으며, 내용 이해를 돕기 위한 어휘와 표현 등을 추가로 선정하여 뜻과 함께 정리하였습니다.

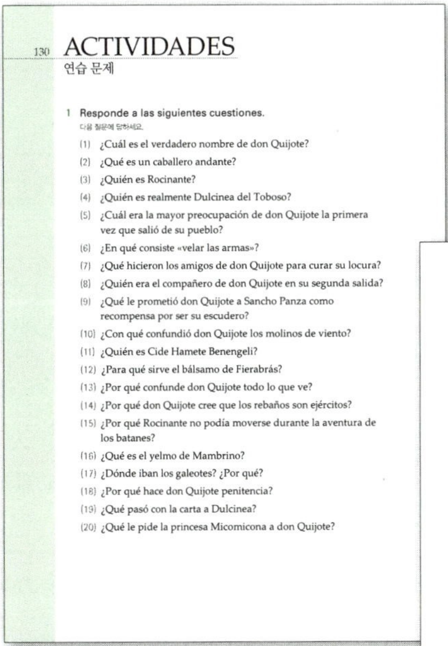

130 ACTIVIDADES
연습 문제

1 Responde a las siguientes cuestiones.
다음 질문에 답하세요.

(1) ¿Cuál es el verdadero nombre de don Quijote?
(2) ¿Qué es un caballero andante?
(3) ¿Quién es Rocinante?
(4) ¿Quién es realmente Dulcinea del Toboso?
(5) ¿Cuál era la mayor preocupación de don Quijote la primera vez que salió de su pueblo?
(6) ¿En qué consiste «velar las armas»?
(7) ¿Qué hicieron los amigos de don Quijote para curar su locura?
(8) ¿Quién era el compañero de don Quijote en su segunda salida?
(9) ¿Qué le prometió don Quijote a Sancho Panza como recompensa por ser su escudero?
(10) ¿Con qué confundió don Quijote los molinos de viento?
(11) ¿Quién es Cide Hamete Benengeli?
(12) ¿Para qué sirve el bálsamo de Fierabrás?
(13) ¿Por qué confunde don Quijote todo lo que ve?
(14) ¿Por qué don Quijote cree que los rebaños son ejércitos?
(15) ¿Por qué Rocinante no podía moverse durante la aventura de los batanes?
(16) ¿Qué es el yelmo de Mambrino?
(17) ¿Dónde iban los galeotes? ¿Por qué?
(18) ¿Por qué hace don Quijote penitencia?
(19) ¿Qué pasó con la carta a Dulcinea?
(20) ¿Qué le pide la princesa Micomicona a don Quijote?

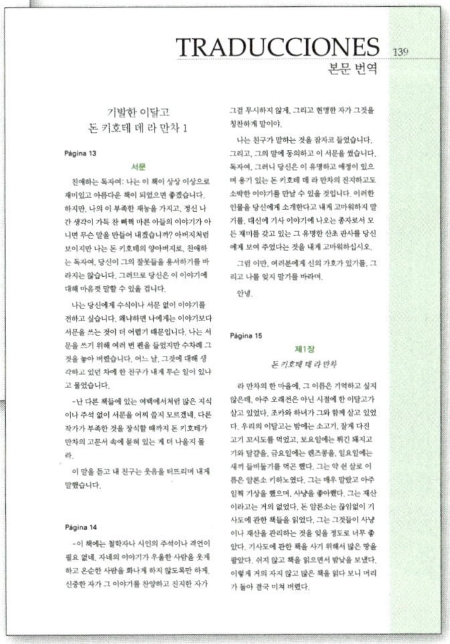

TRADUCCIONES 139
본문 번역

기발한 이달고
돈 키호테 데 라 만차 1

Página 13

서문

친애하는 독자여: 나는 이 책이 상상 이상으로 재미있고 아름다운 책이 되었으면 좋겠습니다. 하지만, 나의 이 부족한 재능을 가지고, 정신 나간 생각이 가득 찬 삐쩍 마른 아들의 이야기가 아니면 무슨 말을 만들어 내겠습니까? 아버지처럼 보이지만 나는 돈 키호테의 양아버지로, 친애하는 독자여, 당신이 그의 잘못들을 용서하기를 바라지는 않습니다. 그러므로 당신은 이 이야기에 대해 마음껏 말할 수 있을 겁니다.

나는 당신에게 수식이나 서문 없이 이야기를 전하고 싶습니다. 왜냐하면 나에게는 이야기보다 서문을 쓰는 것이 더 어렵기 때문입니다. 나는 서문을 쓰기 위해 여러 번 펜을 들었지만 수차례 그것을 놓아 버렸습니다. 어느 날, 그것에 대해 생각하고 있던 차에 한 친구가 내게 무슨 일이 있냐고 물었습니다.

-난 다른 책들에 있는 여백에서처럼 많은 지식이나 주석 없이 서문을 어찌 쓸지 모르겠네. 다른 작가가 부족한 것을 장식할 때까지 돈 키호테가 만차의 고문서 속에 묻혀 있는 게 더 나을지 몰라.

이 말을 듣고 내 친구는 웃음을 터뜨리며 내게 말했습니다.

Página 14

-이 책에는 철학자나 시인의 주석이나 격언이 필요 없네. 자네의 이야기가 우울한 사람을 웃게 하고 온순한 사람을 화나게 하지 않도록만 하게. 신중한 자가 그 이야기를 찬양하고 진지한 자가 그걸 무시하지 않게, 그리고 현명한 자가 그것을 칭찬하게 말이야.

나는 친구가 말하는 것을 잠자코 들었습니다. 그리고, 그의 말에 동의하고 이 서문을 썼습니다. 독자여, 그러니 당신은 이 유명하고 애정이 있으며 용기 있는 돈 키호테 데 라 만차의 진지하고도 소박한 이야기를 만날 수 있을 것입니다. 이러한 인물을 당신에게 소개한다고 내게 고마워하지 말기를. 대신에 기사 이야기에 나오는 종자로서 모든 재미를 갖고 있는 그 유명한 산초 판사를 당신에게 보여 주었다는 것을 내게 고마워하십시오.

그럼 이만, 여러분에게 신의 가호가 있기를. 그리고 나를 잊지 말기를 바라며.

안녕.

Página 15

제1장

돈 키호테 데 라 만차

라 만차의 한 마을에, 그 이름은 기억하고 싶지 않은데, 아주 오래전은 아닌 시절에 한 이달고가 살고 있었다. 조카와 하녀가 그와 함께 살고 있었다. 우리의 이달고는 밤에는 소고기, 잘게 다진 고기 꼬시도를 먹었고, 토요일에는 튀긴 돼지고기와 달걀을, 금요일에는 렌즈콩을, 일요일에는 새끼 들비둘기를 먹곤 했다. 그는 약 쉰 살로 이름은 알론소 키하노였다. 그는 매우 말랐고 아주 일찍 기상을 했으며, 사냥을 좋아했다. 그는 재산이라고는 거의 없었다. 돈 알론소는 끊임없이 기사도에 관한 책들을 읽었다. 그는 그것들이 사냥이나 재산을 관리하는 것을 잊을 정도로 너무 좋았다. 기사도에 관한 책을 사기 위해서 많은 땅을 팔았다. 쉬지 않고 책을 읽으면서 밤낮을 보냈다. 이렇게 거의 자지 않고 많은 책을 읽다 보니 머리가 돌아 결국 미쳐 버렸다.

연습 문제

본문 내용 이해와 함께 해당 레벨에서 알아야 할 문형과 어휘를 다시 한 번 확인할 수 있습니다.

본문 번역

스페인어 본문 내용과 문형을 정확히 이해할 수 있도록 직역 중심의 번역을 수록하였습니다.

MP3 MP3 "돈 키호테 1" 전문 녹음은 책과 함께 제공되는 MP3 CD로 제공되며 다락원 홈페이지 **http://www.darakwon.co.kr** 에서 다운로드 받을 수 있습니다. 또한, 앞의 음원과는 별도로 SGEL 사에서 주요 내용을 발췌하여 제작한 음원 파일도 다락원 홈페이지를 통해 이용할 수 있습니다.

작가 및 작품 소개

미겔 데 세르반테스
Miguel de Cervantes Saavedra, 1547~1616

미겔 데 세르반테스는 세계적인 소설가로, 도스토예프스키, 플로베르, 보르헤스와 또 다른 많은 작가들로부터 모든 시대에 걸쳐 최고의 소설가로 인정받았습니다. 실제로 그의 작품인 "돈 키호테"는 지리적, 문화적, 언어적인 국경을 넘어서 서구 문화에 기여했기 때문에 그는 스페인 최고의 공헌자가 되었습니다.

미겔 데 세르반테스는 1547년에 태어나서 1616년에 죽었습니다. 따라서 그는 스페인 제국의 쇠퇴기(카를로스 5세, 펠리페 2세, 펠리페 3세 시대)를 살았고, 문화 절정기인 황금 세기(르네상스, 매너리즘, 바로크 시대)를 살았으며, 최고의 위대한 고전 문학기(로페 데 베가, 공고라, 케베도 등의 시대)를 살았습니다.

그의 전기는 역경과 실패로 점철되었습니다. 가족의 가난과 복잡한 결혼 문제들, 레판토 전투에서의 부상이나 아르헬 전투 당시 포로 생활 등 군인으로서의 실패, 세금 징수원 업무 당시 겪어야 했던 여러 번의 투옥 생활과 동시대 사람들의 문학에 대한 멸시는 세르반테스가 감내해야 했던 그 당시의 불행한 상황이었습니다. 이러한 불운한 상황 속에서 작품 "돈 키호테"만이 세르반테스의 유일한 성공작이었고, 이 작품을 통해 세르반테스의 '레판토의 외팔이'라는 영예로운 별명이 세상에 널리 알려지게 되었습니다.

세르반테스는 끊임없는 노력으로 시, 극, 소설의 세 개의 문학 장르를 개척했지만 단지 소설가로서의 재능만을 인정받을 수 있었습니다. "나는 신에게 서원한다"와 같은 소네트 몇 작품을 시작으로 "파르나소로의 여행"이라는 한 편의 시를 남겼고, 극작가로서는 여덟 편의 희곡을 써 로페 데 베가와 어깨를 견주었으나, 대중의 외면을 받았습니다. 그럼에도 불구하고 세르반테스의 희곡 중에서 여덟 개의 단막극은 지금까지도 호평을 받고 있습니다.

소설가로서 세르반테스는 "갈라테아", "모범서", "페르실레스" 등과 같은 다양한 장르를 시도하면서 소설가로서의 능력을 발휘했습니다. "라 히타니야", "린코네테", "코르타디요" 등의 작품이 유명한데 "돈 키호테"와 함께 세계 문학사에서 명작으로 추앙받고 있습니다.

기발한 이달고 돈 키호테 데 라 만차
El ingenioso hidalgo don Quijote de la Mancha

"돈 키호테"는 세계 문학의 정상에 있는 소설로, 세르반테스에게는 완전히 창조적 도전이 된 작품이었습니다. 짧은 소설로 시작했지만 예상과는 달리 두 권의 장편 소설이 된 이 작품은, "기발한 이달고 돈 키호테 데 라 만차 1부(1605)"와 "기발한 기사 돈 키호테 데 라 만차 2부(1615)"로 구성되어 있습니다.

이 작품이 가지는 의의는 다음과 같습니다. 먼저 이 작품은 첫 번째 현대 소설이라고 불리는데, 그 당시의 소설의 주요 소재인 기사, 목가, 악동, 궁중 문화, 모로인 등에 대한 요소들이 완전한 백과사전식으로 구성되어 있고,

여러 가지 양식에 관한 주옥 같은 설명들이 화려한 레퍼토리로 구성되어 있기 때문입니다. 그리고 이 모든 이야기가 알려진 대로 방대한 양의 기사 소설을 탐닉한 라 만차 지방의 어느 딱한 이달고(일종의 시골 귀족)의 우스꽝스러운 이야기로 전개되어 있습니다.

우롱과 진실 사이에서 세르반테스는 보편적 인간의 위대한 가치를 믿으며 속임수와 우롱을 극복합니다. 이상주의, 사랑, 자유 등은 항상 돈 키호테와 산초 판사의 광기에 자양분을 공급하는데, 이를 멋지게 그려낼 수 있는 비결은 바로 이야기와 시의 완벽한 결합, 현실과 상상의 분리할 수 없는 조화, 그리고 삶과 문학의 본질적인 동일성 때문입니다.

돈 키호테는 라 만차 지방의 한 늙은 이달고의 이야기로, 그는 지속적으로 기사 소설을 읽다가 이야기에 미쳐서 '라 만차의 돈 키호테'라는 이름으로 자기가 편력 기사가 되기로 결심하게 됩니다. 종자로 삼은 산초 판사와 함께 여러 차례 마을을 떠나 모험을 찾아 나서는데, 그들의 모험은 항상 엉터리 같은 짓으로, 결국 자기들의 모험에 실망하고 지쳐서 마을에 돌아오고, 결국 병이 들어서야 광기에서 벗어납니다.

이 소설의 1부에서는 돈 키호테의 두 번의 출정 이야기를 다루고 있습니다. 여기에는 풍차와 양떼, 빨래 방망이, 갤리선 죄수들, 포도주 가죽부대 등과 맞서게 되며, 친구들의 개입으로 결국 마을로 돌아온다는 내용이 담겨 있습니다. 제 2부에서는 돈 키호테와 산초의 세 번째와 마지막 출정 이야기를 담고 있습니다. 여기에서는 공작 부부와 같이 지내며 이들이 두 주인공들을 우롱하는 모습이 그려집니다. 그 이후 돈 키호테는 마침내 바르셀로나에서 패배하며 마을로 돌아가게 되고, 일 년 동안 무기를 들지 않게 됩니다.

목차

El ingenioso hidalgo Don Quijote de la mancha

PRÓLOGO

◀1 Querido lector: me gustaría que este libro fuera el más hermoso e interesante que puedas imaginar. Pero, ¿qué podrá producir mi pobre ingenio* sino la historia de un hijo seco y lleno de locos pensamientos? Yo, aunque parezco padre, soy padrastro[1] de Don Quijote y no quiero, querido lector, que perdones sus errores. Así que puedes decir de la historia todo lo que quieras.

Quería darte la historia sin adornos ni prólogo, pues me ha sido más difícil escribir el prólogo que la historia. Muchas veces cogí la pluma para escribirlo y muchas la dejé. Un día, mientras pensaba en él, un amigo mío me preguntó qué me pasaba. Yo le dije:

—No sé cómo escribir una leyenda* sin erudición* ni notas en los márgenes como tienen otros libros. Será mejor que don Quijote se quede enterrado en los archivos de la Mancha hasta que otro escritor lo adorne con lo que le falta.

Al oír esto, mi amigo se echó a reír y me dijo:

ingenio *m.* 독창력, 재능 | leyenda *f.* 전설, 성인 이야기 | erudición *f.* 학식

1 padrastro: 본뜻은 '계부'라는 뜻이지만, 여기서 세르반테스는 자신을 이 글의 '양아버지'라고 지칭하고 있습니다.

—No necesitáis notas ni sentencias de filósofos o poetas en este libro. Haced que vuestra historia haga reír al melancólico y no enfade al simple. Que el discreto admire la invención, el grave no la desprecie y el prudente la elogie.

Escuché en silencio lo que mi amigo decía. Luego, aprobé sus razones e hice este prólogo. Así, lector, encontrarás la sincera y sencilla historia del famoso, enamorado y valiente don Quijote de la Mancha. No me agradezcas el presentarte este personaje. Agradéceme, en cambio, que te muestre al famoso Sancho Panza, su escudero, que tiene todas las gracias escuderiles de los libros de caballerías.

Y con esto, Dios te dé salud y a mí no me olvide.

Vale.

CAPÍTULO I

Don Quijote de la Mancha

2 En un lugar de la Mancha, de cuyo nombre no quiero acordarme, no hace mucho tiempo vivía un hidalgo[2]. Vivían con él su sobrina y una criada. Nuestro hidalgo solía comer cocido con carne de vaca, carne picada por las noches, huevos con torreznos los sábados, lentejas los viernes y algún palomino los domingos. Tenía unos cincuenta años y se llamaba Alonso Quijano. Era muy delgado, madrugaba mucho y era aficionado a la caza. Sus bienes eran más bien escasos. Don Alonso leía libros de caballerías continuamente. Le gustaban tanto que olvidó la caza y la administración de sus bienes. Vendió muchas tierras para comprar libros de caballerías. Pasaba las noches y los días leyendo sin parar. Así, del poco dormir y mucho leer, se le secó el cerebro y se volvió loco.

soler + *inf.*: ~하곤 하다

acordarse de (무엇을) 생각하다, 기억하다 | sobrina *f.* 조카(*m.* sobrino) | criada *f.* 머슴, 하인, 하녀 (*m.* criado) | más bien 오히려 | caballería *f.* 기사도 | A tanto que B A하여 B하다

2 hidalgo: 원래 귀족 가문의 후손이었으나 부와 권력을 잃은 사람을 가리킵니다.

Su imaginación se llenó de todas las historias fantásticas* que leía. Creía que era verdad todo lo que contaban los libros. Pensaba que los Belianís, Amadís, Palmerín y demás caballeros existieron realmente.

Un día don Alonso tuvo la más extraña idea del mundo. Quiso ser caballero andante[3] y actuar como los héroes de sus libros. Así que decidió salir a buscar aventuras y deshacer injusticias*.

- la más extraña idea: 정관사 뒤에 más를 붙여 최상급을 만듭니다.
- 과거의 한 순간에 했던 생각이므로 앞에 알론소 키하노의 생김새를 묘사하던 불완료 과거가 아닌 부정 과거의 시제를 사용했습니다.

Primero limpió una vieja armadura de sus bisabuelos. Luego fue a ver a su caballo y, aunque era viejo y flaco, le pareció mejor que el mismo Babieca.[4] Pasó después cuatro días buscando un nombre para su caballo. Era necesario, pues los caballos de los caballeros andantes tenían nombres famosos. Tras pensar mucho, lo llamó Rocinante.

Después buscó un nombre para él mismo. Tardó ocho días en encontrarlo. Al final decidió llamarse don Quijote. Pero recordó que los caballeros de los libros añadían a su nombre el de su patria. Así lo hizo también don Quijote. Decidió llamarse don Quijote de la Mancha.

él mismo: 인칭 대명사 다음 mismo를 쓰면 인칭 대명사 자기 자신이라는 의미가 됩니다.

tardar + 시간 + en + *inf.*: ~하기까지 ~이/가 걸리다

fantástico/a 공상적인, 환상적인 | injusticia *f.* 불법, 부정한 행위 | armadura *f.* 갑옷, 골조, 뼈대 | aunque ... ~이지만 | mejor/peor que ... ~보다 좋다/나쁘다 | pues ... ~인 만큼, ~ 때문에, ~이면 | tras ~의 뒤에, 후에, 잇따라 | patria *f.* 조국, 탄생지, 고향 | añadir *tr.* (무엇에) 첨가하다, 보태다

3 caballero andante: 많은 곳을 여행하는 기사로, 그들의 임무는 어려운 사람들을 보호하는 것이라고 합니다.

4 Babieca: 로드리고 디아즈 데 비바르라는 카스티야 영웅의 말입니다.

Limpias sus armas, puesto nombre a su caballo y a sí mismo, pensó que necesitaba una dama. Porque los caballeros andantes sin amores son como árboles sin hojas. De repente, recordó que en un pueblo cercano vivía una labradora de muy buen parecer. Don Quijote estuvo enamorado de ella sin que la labradora lo supiera. Se llamaba Aldonza Lorenzo. Don Quijote decidió que ella sería su dama. Entonces le buscó un nombre de princesa* y gran señora y la llamó Dulcinea del Toboso.

de repente 갑자기, 별안간 | princesa *f.* 공주, 왕녀

CAPÍTULO II

Primera salida de don Quijote

3 Acabados los preparativos, don Quijote no quiso esperar más. Él creía que el mundo lo necesitaba, pues había muchas injusticias que corregir. De esta forma, una mañana del mes de julio, cogió sus armas, se subió sobre Rocinante y salió al campo por la puerta del corral. No avisó a nadie de su intención y nadie lo vio irse.

Mientras andaba, recordó que no había sido armado caballero. Según la ley de caballería, no podía luchar contra nadie hasta que no fuera nombrado y armado caballero. Estuvo a punto de abandonar su propósito, pero pudo más su locura y siguió adelante. Decidió que el primer caballero que encontrase le nombraría a él caballero, como a menudo ocurría en los libros de caballerías. Con esto se tranquilizó y siguió su camino.

Mientras caminaba, decía:

corregir *tr.* 수정하다 | de esta forma 이렇게 | avisar *tr.* 알리다, 통지하다, 통보하다 | según ~에 의해, ~에 의하면 | estar a punto de ~할 찰나에 있다 | a menudo 자주, 종종

—Dichoso siglo en el que saldrán a la luz mis famosas hazañas. ¡Oh tú, sabio encantador, no olvides a mi buen Rocinante cuando escribas mi historia!

Luego exclamaba, como si verdaderamente estuviera enamorado:

—¡Oh princesa Dulcinea, señora de este cautivo* corazón!

Y así decía tantos disparates como los que leía en los libros de caballerías.

Caminaba muy despacio y hacía mucho calor. No le ocurrió nada en todo el día y don Quijote se desesperaba por no encontrar aventuras.

Al atardecer* don Quijote y su caballo estaban ya muy cansados y muertos de hambre. Entonces vio una venta cerca del camino. Se dieron prisa y llegaron a la venta cuando anochecía.

> morir de + *inf.*: ~해서 죽을 지경이다 본문에선 estar와 같이 상태를 나타내는 과거 분사 muerto로 쓰였습니다.

En la puerta de la venta había dos mozas extraviadas. Don Quijote creyó que la venta era un castillo y que las mozas eran dos hermosas doncellas. Éstas, cuando lo vieron vestido de aquella manera y con la lanza* y el escudo*, se asustaron e intentaron esconderse. Pero don Quijote les dijo:

> 앞에 두 여자들을 지시 대명사 éstas를 통해 표현하였습니다. estar의 2인칭 단수인 estás와 강세 표시로 구분합니다.

> intentar + *inf.*: ~하려 하다

sabio *m.* 현자, 학자(*f.* sabia) | cautivo/a 붙잡힌, 포로의 | exclamar *tr.* 외치다, 소리치다 | disparate *m.* 상식에서 벗어난 말 또는 행동 | hacer calor/frío 날씨가 덥다/춥다 | atardecer *intr.* 해가 지다, 날이 저물다 | darse prisa 서두르다 | lanza *f.* 창 | escudo *m.* 방패

—No huyáis ni temáis nada, señoras.

Cuando oyeron que don Quijote las llamaba señoras, se echaron a reír. Don Quijote se avergonzó y les dijo:

—La risa que no tiene una causa importante es una tontería.

El lenguaje y la mala figura de don Quijote les hacía reír mucho más. Don Quijote estaba cada vez más enfadado. Entonces salió el ventero. Era un hombre muy gordo y tranquilo. Al ver la figura del hidalgo, estuvo a punto de acompañar a las mozas en las risas. Sin embargo, decidió hablarle con moderación, y le dijo:

—Señor caballero, en esta venta hay de todo, menos camas.

Don Quijote respondió:

—Señor castellano[5], cualquier cosa es suficiente para mí porque *mis arreos son las armas, mi descanso el pelear*.

El ventero, sorprendido porque le llamaba castellano, siendo él andaluz, le respondió:

—Entonces puede bajar del caballo.

echarse a reír 웃기 시작하다 | tontería *f.* 바보짓, 어리석은 짓 | figura *f.* (몸의) 외형, 모습 | cada vez más 점점 더 | sin embargo 그러나, 그렇다고 하더라도 | castellano *m.* 성주, 카스티야 지방 사람

5 castellano: 카스티야라는 지명은 성이라는 단어 castilla에서 온 것이기 때문에, 이 단어를 어원으로 하는 castellano는 '궁중 귀족'과 '카스티야 지방 사람'이라는 두 가지 의미를 가집니다. 본문에 돈 키호테는 궁중 귀족의 의미로 말하고 안달루시아 지방 사람인 주막집 주인은 카스티야 지방 사람으로 이해하는 것으로 재미를 주고 있습니다.

El ventero le ayudó a apearse. Don Quijote le dijo que cuidase a su caballo porque era el mejor del mundo.

decir가 요청의 의미로 쓰여 종속절에 접속법이 쓰였습니다.

El ventero lo miró y no le pareció tan buen caballo. Luego llevó a Rocinante a la cuadra mientras las doncellas intentaban desarmar a don Quijote. Consiguieron retirarle la armadura, pero no pudieron quitarle el casco* de la cabeza, y con él puesto quedó toda la noche.

con él의 él은 앞의 el casco를 지칭하는 대명사로 쓰였습니다.

Don Quijote creía que le desarmaban unas damas importantes de aquel castillo. Así que les recitó unos versos caballerescos:

—«Nunca fuera caballero
de damas tan bien servido
como fuera don Quijote
cuando de su aldea* vino:
doncellas cuidaban de él;
princesas, de su rocino»,

o «Rocinante», que éste es el nombre, señoras mías, de mi caballo, y «don Quijote de la Mancha» el mío.

cuadra *f.* 마구간, 돼지우리 | casco *m.* 두개골, 투구, 헬멧

Sirvieron la mesa en la puerta de la venta. La comida era bacalao cocido y un pan tan negro y sucio como sus armas. Pero como tenía el casco puesto, no podía comer ni beber. Tuvieron que darle la comida por la abertura del casco y le dieron de beber con una caña.

En ese momento, llegó a la venta un castrador de cerdos. Tocó su silbato cuatro o cinco veces. Así don Quijote confirmó que estaba en un famoso castillo. Imaginó que le servían con música, que el pan era blanco, que las mozas eran damas y que el ventero era el señor del castillo. Pero lo que más le preocupaba era no ser armado caballero, pues mientras tanto no podía acometer aventuras.

servir la mesa 식사 시중을 들다 | en este momento 바로 그때 | acometer *tr.* 수행하기 시작하다

CAPÍTULO III

Don Quijote es armado caballero

4 Don Quijote acabó rápido la cena y llamó al ventero. Se encerró con él en la cuadra y de rodillas le dijo:

encerrarse en: 틀어박히다
재귀 대명사 se와 같이 쓰이면서 자기 자신을 가둔다는 의미를 가지면서 단순히 '들어가다'는 의미보다는 '틀어박히다'는 뜻이 됩니다.

—No me levantaré nunca de donde estoy, valiente caballero, hasta que me haga un favor.

hasta que: ~할 때까지
que 이하의 종속절이 아직 일어나지 않은 일이므로 접속법을 씁니다.

El ventero trataba de levantar a don Quijote, pero no podía. Por tanto, le dijo que le haría el favor.

- tratar de + *inf.*: 시도하다, 노력하다
- decir가 부정 과거이고 종속절의 hacer가 과거 시점에서의 아직 일어나지 않은 미래의 일이므로 조건법인 haría가 쓰였습니다.

—No esperaba menos de vuestra generosidad* —respondió don Quijote—. Os pido que mañana me arméis caballero. Esta noche velaré mis armas en la capilla* de vuestro castillo.

El ventero comprendió que don Quijote estaba loco. Así que, para divertirse esa noche, le siguió la corriente y le preguntó si traía dinero.

de rodillas 무릎을 꿇고 | generosidad *f.* 관대함 | capilla *f.* 예배당 | comprender *tr.* 이해하다

Don Quijote respondió que no. Nunca leyó que los caballeros andantes llevaran dinero. El ventero le dijo que se engañaba. No se decía en los libros porque era evidente. Todos los caballeros andantes llevaban dinero. También llevaban camisas y ungüentos para curar heridas. Por eso le aconsejó que siempre llevara con él esas cosas.

> 주절 동사인 aconsejar(충고하다, 조언하다)는 종속절 주어가 어떤 행동을 하게끔 하라는 동사이므로, 종속절에는 접속법을 씁니다.

Don Quijote prometió seguir el consejo del ventero. Luego comenzó a velar sus armas en el patio* de la venta porque no había capilla. Dejó las armas en una pila al lado de un pozo* y comenzó a pasear delante de la pila.

> comenzar a + *inf.*: ~하기 시작하다

Un arriero que estaba en la venta quiso dar agua a sus animales y fue a quitar las armas de don Quijote del pozo. Cuando don Quijote lo vio, gritó:

> ir a + *inf.*: ~하려고 하다 미래형과 같은 의미로 사용됩니다.

—¡Oh tú, atrevido* caballero, que vas a tocar las armas del más valiente caballero! No las toques si no quieres morir.

> no toques는 tocar의 2인칭 단수 '너'에게 하는 명령법입니다.

El arriero no hizo caso y tiró las armas al suelo. Al verlo, don Quijote miró al cielo y como si hablara con su señora Dulcinea, dijo:

—¡Ayudadme, señora mía, en esta primera ofensa que se me hace!

engañarse 잘못 알다, 착각하다 | evidente 확실한, 명백한, 뚜렷한 | no hacer caso (de) 상대하지 않다

Dicho esto, cogió la lanza con las dos manos y golpeó al arriero en la cabeza. Después recogió sus armas y volvió a pasear como si tal cosa.

volver a + *inf.*: 다시 ~하다

Al rato, llegó otro arriero a dar agua a sus mulas*. Se acercó a la pila para quitar las armas. Entonces, sin decir nada, don Quijote le golpeó con la lanza en la cabeza y le hirió. Toda la gente de la venta salió para ver lo que pasaba. Al verlos, don Quijote cogió su espada* y dijo:

—¡Oh señora de la hermosura!* Mira la gran aventura que espera a tu cautivo caballero.

Los compañeros de los arrieros empezaron a tirar piedras al hidalgo. El ventero gritaba que lo dejasen, porque estaba loco. Don Quijote los insultaba y los amenazaba:

empezar a + *inf.*: ~하기 시작하다 (= comenzar a + *inf.*)

—¡Gente baja y soez, tirad y ofendedme cuanto queráis! Veréis el pago por vuestro agravio.

Decía esto con tanta fuerza que se asustaron y dejaron de tirarle piedras. Así el hidalgo siguió velando sus armas.

Al día siguiente, el ventero se acercó a don Quijote con un libro de cuentas. Iba acompañado de un muchacho y de las dos mozas. El ventero pidió a don Quijote que se arrodillase.

como si ~하는 것처럼 | mula *f.* 암노새 | acercarse a ~(으)로 다가가다, 접근하다 | espada *f.* 검, 칼 | hermosura *f.* 아름다움, 미 | insultar *tr.* 모욕하다, 매도하다 | amenazar *tr.* 협박하다, 위협하다 | asustarse 놀라다, 질겁하다 | al día siguiente 다음 날

Mientras fingía decir una oración*, dio dos golpes a don Quijote con la espada. Luego ordenó a una de las damas que le ciñese* la espada, lo que hizo con mucha discreción sin reírse. Al ponerle la espada, la moza dijo:

ciñese은 ceñir의 3인칭 단수 접속법 불완료 과거형입니다.

—Dios le haga muy dichoso caballero.

Don Quijote le preguntó cómo se llamaba.

—Me llamo la Tolosa y soy de Toledo. A partir de ahora le serviré y le tendré por señor.

El hidalgo le dijo que en adelante se llamaría doña Tolosa. Luego, don Quijote le preguntó el nombre a la otra moza. Se llamaba la Molinera y era de Antequera. Don Quijote le ofreció sus servicios y le dio el nombre de doña Molinera.

Terminada la ceremonia*, don Quijote ensilló a Rocinante, subió en él, agradeció al ventero el favor que le había hecho al armarle caballero y se despidió.

fingir *tr.* 만들어 내다, ~체하다 | oración *f.* 기도 | ceñir *tr.* 동여매다, 졸라매다 | a partir de (ahora) (지금)부터 | ceremonia *f.* 식, 의식, 식전 | agradecer *tr.* 감사를 느끼다, 고맙게 여기다

CAPÍTULO IV

Aventura de Andrés

5 Don Quijote salió de la venta muy contento porque ya era caballero. Pero recordó los consejos del ventero y decidió volver a casa para coger dinero y camisas. Además, necesitaba un escudero y pensó recurrir* a un labrador vecino suyo. Con este pensamiento, guió a Rocinante hacia su aldea.

No había andado mucho, cuando oyó unas voces que procedían de un bosque cercano. Alguien se quejaba. Encaminó a Rocinante hacia las voces diciendo:

—Gracias doy al cielo por darme ocasión de cumplir con mi profesión de caballero. Alguien necesita mi ayuda.

Entonces vio a un muchacho atado a un árbol. Tenía unos quince años. El muchacho gritaba porque un labrador le azotaba mientras le decía:

—La lengua callada y los ojos listos.

El muchacho respondía:

escudero *m.* 종자, 방패지기 | recurrir *intr.* 도움을 구하다 의뢰하다 | proceder de ~에서 비롯되다, 나오다 | dar gracias a ~에게 감사하다 | profesión *f.* 소임, 직업

—No lo haré más. Prometo tener más cuidado con el rebaño.

Al ver lo que pasaba, don Quijote dijo enfadado:

—Descortés caballero, pegáis a quien no puede defenderse. Subid a vuestro caballo y pelead conmigo. Yo os haré entender que es de cobardes lo que hacéis.

Al ver el labrador a aquel hombre con la lanza arrimada a su rostro, creyó que iba a morir y con buenas palabras respondió:

—Señor caballero, este muchacho es mi criado. Cuida de mis ovejas*. Pero es muy descuidado y cada día pierde una, aunque él dice que es por no pagarle el sueldo*.

—¿Miente el muchacho delante de mí? —dijo don Quijote—. Por el sol que nos alumbra* que estoy por atravesaros con mi lanza. Pagadle lo que le debéis y desatadlo ahora mismo.

El labrador bajó la cabeza y, sin responder palabra, desató a su criado. Don Quijote preguntó al muchacho cuánto le debía su señor. Él dijo que 9 meses, a 7 reales cada mes. Don Quijote hizo la cuenta y calculó 73 reales. Entonces le dijo al labrador que se los pagase si no quería morir allí mismo.

rostro *m.* 새의 부리, 안면, 얼굴 | oveja *f.* 암양 | sueldo *m.* 급료, 봉급, 임금 | alumbrar *tr.* 비추다 | estar por ~하기 직전이다 | desatar *tr.* 풀다, 뜯다

—Señor caballero —dijo el labrador—, aquí no tengo dinero. Andrés, ven a mi casa y te pagaré.

—¿Irme yo con él? —dijo el muchacho—. Ni hablar, que me arrancará la piel cuando estemos solos.

—No hará eso porque yo se lo mando —dijo don Quijote—. Júremelo por la ley de caballería que ha recibido y le dejaré ir libre.

—Señor —dijo el muchacho—, mi señor no es caballero ni ha recibido orden de caballería. Su nombre es Juan Haldudo el rico, vecino del Quintanar.

—Eso no importa —respondió don Quijote—, porque los Haldudos también pueden ser caballeros. Además, cada uno es hijo de sus obras.

—Eso es verdad —dijo Andrés—, pero mi señor, ¿de qué obras es hijo si me niega mi dinero?

—No niego, Andrés —respondió el labrador—. Ven conmigo, que te juro por todas las órdenes de caballería que te pagaré.

arrancar *tr.* 뿌리째 뽑다

—Cumplid lo que habéis jurado —dijo don Quijote—. Si no le pagáis, volveré a buscaros y os castigaré. Y si queréis saber quién os manda esto, sabed que soy el valiente don Quijote de la Mancha.

Y dicho esto, don Quijote se alejó de ellos montado sobre Rocinante. El labrador quedó mirando cómo se alejaba. Cuando se perdió en el bosque, se volvió a su criado Andrés y le dijo:

—Ven acá, hijo mío, que os quiero pagar lo que os debo.

Y así, lo cogió del brazo, lo ató de nuevo a la encina y le dio tantos azotes que le dejó casi muerto.

Mientras, don Quijote caminaba hacia su aldea. Iba contento por lo sucedido y se decía a media voz:

—¡Oh dichosa Dulcinea del Toboso! ¡Bella entre las bellas! ¡Qué suerte que tienes a tan valiente y famoso caballero como yo para servirte! Ayer recibí la orden de caballería, y hoy he deshecho el mayor agravio que formó la sinrazón y cometió la crueldad*.

cumplir *tr.* 완수하다, 수행하다, 이행하다 | castigar *tr.* 벌하다, 징계하다 | alejarse de ~에서 멀어지다 | aldea *f.* 작은 촌, 촌락, 마을 | crueldad *f.* 잔인함, 잔혹함

CAPÍTULO V

Aventura de los mercaderes

◀6 De camino a su aldea, don Quijote se encontró con un grupo de gente. Eran mercaderes de Toledo. Iban a Murcia a comprar seda*.

En cuanto los vio, don Quijote imaginó una nueva aventura y les dijo:

—Deteneos todos y confesad que no hay en el mundo doncella más hermosa que la emperatriz de la Mancha, Dulcinea del Toboso.

Los mercaderes se pararon y miraron a don Quijote. Por su figura y por sus palabras, descubrieron que estaba loco.

Uno de ellos le dijo:

—Señor caballero, nosotros no conocemos a esa señora. Si nos la muestra y es tan hermosa como decís, lo confesaremos.

encontrarse con (우연히) 찾아내다, 만나다 | mercader *m.f.* 장수, 상인 | seda *f.* 비단 | detener *tr.* 멈추다, 세우다, 정지시키다 | descubrir *tr.* 밝혀내다, 명백히 하다

—Si os la mostrara, ¿qué mérito* tendría confesar una verdad tan evidente? —dijo don Quijote—. Lo importante es creerlo y confesarlo sin verla. Si no lo hacéis, tendréis que pelear conmigo.

—Señor caballero —replicó* el mercader—, le suplico que nos muestre un retrato de esa señora. Y aunque sea tuerta, diremos que es la más hermosa del mundo.

—Canalla —respondió don Quijote muy enfadado—, Dulcinea no es tuerta. Pagaréis por esta mentira.

Dicho esto, don Quijote quiso golpear con la lanza al que habló. Pero Rocinante tropezó* y cayó al suelo. El caballero rodó por el campo. Quiso levantarse, pero no pudo, pues la armadura le pesaba demasiado. Desde el suelo gritaba:

—No huyáis, gente cobarde, que por culpa de mi caballo estoy aquí tendido.

Luego, un mozo de los mercaderes se acercó a don Quijote. Cogió la lanza del suelo, la rompió y con un pedazo* le molió las costillas a golpes.

Cuando el mozo se cansó de darle palos, los mercaderes siguieron su camino.

mérito *m.* 가치, 장점 | replicar *intr.* 반론하다, 항변하다 | suplicar *tr.* 간청하다, 애원하다 | aunque ~이더라도, 하지만 | tropezar *tr.* (무엇에) 발이 채이다, 발이 걸려 넘어지다 | rodar *tr.* 굴리다 | huir (+ de) *intr.* ~에서 도망치다 | pedazo *m.* 조각, 부스러기, 토막 | moler *tr.* 빻다, 찧다 | seguir *tr.* 계속해서 ~하다

CAPÍTULO VI

Don Quijote vuelve a casa

◀7 Don Quijote no podía moverse y empezó a pensar en las historias de sus libros. Se acordó de aquélla del marqués de Mantua y recitó sus versos:

—«¿Dónde estás, señora mía,
que no te duele mi mal?
O no lo sabes, señora,
o eres falsa y desleal*.»

Entonces, quiso la suerte que pasara por allí un labrador vecino de Alonso Quijano. Al ver al hombre en el suelo, se acercó a él. Le quitó la visera del casco y vio que era su vecino, don Alonso Quijano. Sorprendido, le preguntó:

—¿Señor Quijano, quién le ha puesto así?

acordarse de ~을/를 기억해 내다, 생각하다 | recitar *tr.* 암송하다 | desleal 불성실한, 불충한

Don Quijote recitaba sus versos sin reconocer a su vecino. Éste le levantó y le subió sobre su burro. Luego, recogió las armas y se dirigió a su pueblo llevando de las riendas a Rocinante.

Llegaron al pueblo al atardecer, pero el labrador esperó hasta la noche para entrar. No quería que nadie viera al hidalgo tan mal. A la hora que le pareció bien, entraron al pueblo y fueron derechos a casa de don Quijote. La casa estaba alborotada por la ausencia del hidalgo. Estaban allí el cura y el barbero, dos grandes amigos de Alonso Quijano. La criada decía a voces:

—¿Qué les parece la desgracia de mi señor? Hace tres días que no aparece. Malditos* libros de caballerías, han vuelto loco a mi señor.

—Eso digo yo también —dijo el cura—. Mañana los quemaremos.

Todo esto lo oían el labrador y don Quijote y, de esa forma, el labrador entendió la locura de su vecino. Entonces, el labrador dijo a voces:

—Abran ustedes al marqués de Mantua, que viene malherido.

dirigirse a ~(으)로 향하다 | ausencia *f.* 결석, 결근, 부재 | desgracia *f.* 불행, 불운 | maldito/a 싫은, 불쾌한, 사악한, 저주받은 | volver loco a ~을/를 미치게 하다 | quemar *tr.* 태우다

Al oír las voces, todos salieron y corrieron a abrazar a don Quijote, pero él dijo:

—Deteneos, que vengo malherido por culpa de mi caballo. Llevadme a mi cama y llamad a la sabia Urganda para que me cure las heridas.

Le llevaron a la cama y don Quijote les contó que estaba molido por haberse caído de Rocinante, cuando luchaba con diez gigantes.

—¿Gigantes? ¡Dios mío!, quemaré los libros mañana —dijo el cura.

Preguntaron muchas cosas a don Quijote, pero no respondió a ninguna. Pidió que le diesen de comer y le dejasen dormir.

gigante *m.* 거인

CAPÍTULO VII

Quema de los libros de don Quijote

8 Al día siguiente, el cura y el barbero fueron a casa de don Quijote. El cura pidió a la sobrina las llaves de la biblioteca*. Entraron allí y pidió al barbero que le diese los libros uno a uno para revisarlos. Algunos podían salvarse del fuego.

Esa noche quemaron casi todos los libros de don Quijote en el corral de la casa. Luego tapiaron la puerta de la biblioteca. Así, don Quijote no la encontraría. Pensaban decirle que un encantador se llevó la habitación con los libros. El cura pensó que era el mejor remedio para la locura de su amigo.

biblioteca *f.* 도서관, 서재 | revisar *tr.* 주의 깊게 보다, 다시 보다 | encantador *m.* 마술사, 마법사 (*f.* encantadora) | remedio *m.* 대책, 수단, 방법

CAPÍTULO VIII

Segunda salida de don Quijote

9 Don Quijote se levantó a los pocos días. Lo primero que hizo fue ir a ver sus libros. Como no encontraba la biblioteca, andaba de un lado a otro buscándola. Entonces le preguntó a la criada por ella.

La criada le dijo:

—¿Qué busca vuestra merced? Ya no hay biblioteca ni libros en esta casa. Todo se lo llevó el diablo*.

—No era diablo*, sino un encantador que vino una noche sobre una nube —dijo la sobrina.

no A, sino B: A가 아니라 B이다

—Será —dijo don Quijote— el sabio Frestón o Fritón. Es gran enemigo mío y no quiere que yo sea un famoso caballero.

—No sé —respondió la criada— si se llamaba Frestón o Fritón; sólo sé que su nombre acabó en *tón*.

de un lado a otro 이리저리로 | diablo *m.* 악마, 마왕

Pasaron quince días en los que el hidalgo estuvo tranquilo. En este tiempo, don Quijote pidió a un labrador vecino suyo que fuese su escudero. Era un hombre de bien —si es que este título se puede dar al que es pobre—, pero de muy poca sal en la mollera. Le prometió que lo haría gobernador de una ínsula. Y con ello y otras cosas, Sancho Panza, que así se llamaba el hombre, dejó a su mujer e hijos y se hizo escudero de su vecino.

su mujer e hijos: 스페인어에서는 [i] 발음으로 시작하는 단어 앞에서 '그리고'에 해당하는 접속사 y를 발음상 편의를 위해 e로 바꿔 씁니다. 여기에서 hijos의 h가 묵음인 관계로 [i] 발음으로 시작되므로 y가 e로 바뀐 것입니다.

Don Quijote necesitaba dinero y vendió algunas cosas para conseguir una buena cantidad. Pidió prestado un escudo a un amigo y arregló sus armas. Luego avisó a Sancho del día en que se pondrían en camino para que se preparara. El escudero llevaría unas alforjas y un burro para no andar a pie. Don Quijote no recordaba si los escuderos de los libros llevaban burros. No obstante, decidió que lo llevase hasta que quitaran a algún enemigo su caballo.

Después, don Quijote cogió provisiones como el ventero le aconsejó. Una noche, el caballero y el escudero salieron del pueblo sin que nadie los viese, por el mismo camino de su primer viaje.

Iba Sancho sobre su burro como un patriarca*, con sus alforjas y su bota*. Se veía gobernador de una ínsula, como le prometió su señor. Entonces Sancho le dijo a don Quijote:

título *m.* 제명 표제, 타이틀, 자격 | gobernador *m.* 통치자, 도지사(*f.* gobernadora) | cantidad *f.* 양, 수량, 분량 | avisar *tr.* 알리다, 통보하다 | poner en camino 길을 나서다 | no obstante 그렇지만, 하지만 | patriarca *m.* 가장, 족장 | bota *f.* 부츠, 장화

—Señor caballero andante, no se olvide de la ínsula que me prometió. Yo la sabré gobernar aunque sea grande.

—Debes saber, amigo Sancho Panza —respondió don Quijote—, que los caballeros andantes hacían a sus escuderos gobernadores cuando llegaban a viejos. Yo tengo decidido hacer algo mejor. Si gano un reino* antes de seis días, podrá ser tuyo.

deber + *inf.*: ~해야 한다

—De esa manera —respondió Sancho Panza—, si yo soy rey, mi mujer será reina y mis hijos infantes.

—Pues, ¿quién lo duda? —respondió don Quijote.

—Yo lo dudo —replicó Sancho Panza—, porque aunque lluevan reinos sobre la tierra, ninguno valdrá para mi mujer. Ella no vale para reina. Condesa* será mejor y con ayuda de Dios.

—Dios dará, Sancho —respondió don Quijote—, lo que más convenga. Pero no te desanimes*, como poco serás gobernador.

—No lo haré, señor mío —respondió Sancho—, vuestra merced me dará lo que sea bueno para mí.

reino *m.* 왕국 | dudar *intr.* 의심하다, 불신하다 | replicar *intr.* 반론하다, 대꾸하다 | valer *tr.* ~ 가치이다, ~의 값이다 | condesa *f.* 여자 백작, 백작 부인 | desanimarse 기력을 잃다, 실망하다, 낙담하다

CAPÍTULO IX

Aventura de los molinos

◀10 En esto, descubrieron treinta o cuarenta molinos de viento a lo lejos. Cuando los vio don Quijote, dijo:

—La suerte guía nuestros pasos. Mira allí, amigo Sancho, esos treinta o más enormes gigantes. Pelearé con ellos, los mataré y comenzaremos a enriquecernos.

—¿Qué gigantes? —dijo Sancho Panza.

—Aquellos que ves allí de los brazos largos —respondió don Quijote.

—Aquellos no son gigantes, sino molinos de viento. Y lo que parecen brazos son aspas que mueve el viento —dijo Sancho.

—Se nota que no sabes de aventuras. Son gigantes. Si tienes miedo, apártate y reza. Yo lucharé contra ellos —dijo don Quijote.

molinos de viento *m.* 풍차 | a lo lejos 멀리에 | enriquecerse 넉넉해지다, 풍부해지다, 부자가 되다

Entonces se fue hacia los molinos. Sancho le gritaba que eran molinos, pero don Quijote no oía las voces de su escudero. El caballero decía a gritos:

—No huyáis, cobardes y viles criaturas*. Un solo caballero os ataca.

Entonces se levantó un poco de viento y las grandes aspas empezaron a moverse. Cuando lo vio don Quijote, dijo:

—Aunque mováis los brazos, me las pagaréis.

Y encomendándose de todo corazón a su señora Dulcinea, atacó al primer molino que estaba delante. Le dio con la lanza en el aspa, pero el viento giró el aspa y rompió la lanza. Don Quijote y Rocinante rodaron por el campo. Sancho Panza fue a ayudarle y vio que su señor no podía moverse por el gran golpe.

—¡Díos mío! ¿No le dije que eran molinos de viento? —dijo Sancho.

—Calla, amigo Sancho —dijo don Quijote—, que las cosas de la guerra cambian continuamente. Aquel sabio Frestón que robó mis libros ha convertido estos gigantes en molinos. Quiere quitarme la gloria de mi victoria. Pero de nada valdrán sus malas artes contra la bondad de mi espada.

convertir A en B: A를 B로 변하게 하다

criatura *f.* 인간, 피조물 | atacar *tr.* 공격하다 | bondad *f.* 선량함, 선

Sancho le ayudó a levantarse y a subir sobre Rocinante. Hablando de la aventura pasada, siguieron camino hacia Puerto Lápice. El caballero pensaba que allí encontrarían muchas aventuras. Era la hora de comer. Don Quijote no tenía hambre, pero le dio permiso a Sancho para comer cuando quisiera. Así que el escudero se acomodó sobre su burro y sacó comida de las alforjas. Caminaba y comía. Mientras lo hacía, no recordaba las promesas de la ínsula hechas por don Quijote.

Aquella noche durmieron entre unos árboles. Don Quijote cortó una rama para hacerse una lanza. Como buen caballero andante, no durmió nada pensando en su señora Dulcinea.

dar permiso a ~에게 허락을 해 주다 | rama *f.* 가지

CAPÍTULO X

Aventura del vizcaíno

11 Al día siguiente continuaron su camino. Mientras caminaban, se encontraron con dos frailes. Detrás de ellos venía un coche, gente a caballo y dos mozos de mulas. Venía en el coche una señora vizcaína, con sus criadas, que iba a Sevilla.

En cuanto los vio don Quijote, dijo a su escudero:

en cuanto: ~을/를 하자마자

—O yo me engaño, o ésta será la más famosa aventura del mundo. Aquellos bultos* negros son encantadores que han secuestrado a la princesa que va en el coche.

—Peor será esto que los molinos de viento —dijo Sancho—. Señor, aquellos son frailes y el coche debe de ser de algún viajero.

—Ya te he dicho, Sancho, que sabes poco de aventuras —respondió don Quijote—. Ahora verás si lo que digo es verdad.

bulto *m.* 혹, 종기, 수하물, 짐 | secuestrar *tr.* 납치하다 (secuestrado/a 납치된) | deber de ~일 것이다

Don Quijote se adelantó y se puso en la mitad del camino. En voz alta dijo:

—Gente endiablada, dejad al instante a las princesas que lleváis secuestradas en ese coche. De lo contrario, preparaos para morir.

Los frailes se detuvieron y se quedaron admirados de la figura de don Quijote y de sus palabras. Le respondieron:

'quedarse + 과거 분사' 형태로, 동사 quedarse는 '머물다', '남다'의 의미가 있어서 '놀란 채로 있다'라는 뜻으로 해석합니다.

—Señor caballero, no somos endiablados, sino dos religiosos. Además, no sabemos si en este coche van o no princesas secuestradas.

—¡Qué decís! Yo os conozco bien, canallas —dijo don Quijote.

Y sin esperar más respuesta, arremetió* contra el primer fraile con todas sus fuerzas. El fraile se dejó caer de la mula para evitar el golpe de don Quijote. El otro religioso echó a correr por el campo más ligero que el viento.

Sancho Panza, al ver al fraile en el suelo, comenzó a quitarle los hábitos. Hasta allí llegaron dos mozos de los frailes y le preguntaron por qué le desnudaba. Sancho les respondió:

mitad *f.* 반, 절반, 중간, 한가운데 | al instante 당장 | arremeter *tr.* 습격하다, 잽싸게 덤비다 | evitar *tr.* 피하다, 회피하다 | ligero/a 가벼운, 민첩한, 날쌘

—Tengo derecho a los despojos de la batalla que mi señor ha ganado.

Los mozos, que no entendían de despojos ni batallas, comenzaron a golpear a Sancho. Le dejaron en el suelo sin aliento ni sentido. El fraile se levantó y huyó con su compañero.

Don Quijote fue a hablar con la señora del coche y le dijo:

—Señora mía, ya podéis hacer lo que queráis. Ya os he liberado* de vuestros robadores. Me llamo don Quijote de la Mancha, caballero andante y siervo de la hermosa Dulcinea del Toboso. En pago del favor que os he hecho, iréis al Toboso a presentaros ante mi señora para decirle lo que he hecho.

Un escudero vizcaíno de la dama oyó lo que don Quijote decía. Al ver que no quería dejarles pasar, fue hacia él y, cogiéndole de la lanza, le dijo en mal castellano:

al + *inf.*: ~하자, ~할 때

—Caballero que mal andes, si no nos dejas coche seguir, te matas como estás ahí vizcaíno.

—Si fueras caballero ya te habría castigado por tu atrevimiento —dijo don Quijote.

derecho *m.* 권리 | despojo *m.* 전리품 | liberar *tr.* 해방시키다, 석방하다

—¿Yo no caballero? Juro por Dios que mientes —replicó el vizcaíno—. Si lanza arrojas y espada sacas, llevas el gato al agua. Vizcaíno por tierra, hidalgo por mar, hidalgo por el diablo.

—¡Ahora lo verás! —respondió don Quijote.

Entonces sacó su espada y atacó al vizcaíno. El vizcaíno no se quedó parado. Le dio una gran cuchillada en el hombro a don Quijote.

El caballero sintió el golpe y dijo:

—¡Oh señora de mi alma, Dulcinea, flor de la hermosura, ayudadme!

Don Quijote volvió a arremeter contra el vizcaíno. Éste le esperaba cubierto con una almohada y sin poder mover a su mula. Estaban los dos con las espadas levantadas mientras en el coche la señora y sus criadas rezaban para librar a su escudero del peligro.

Pero el autor de esta historia la interrumpió aquí porque no encontró más documentos sobre esta batalla. Sin embargo, el segundo autor sí halló papeles sobre el famoso caballero y pudo finalizar la historia, como cuenta en el siguiente capítulo.

hallar 동사 앞에 sí는 가정법의 si와 헷갈릴 수 있는데 강세 표시를 가지고 있으므로 전혀 의미가 다릅니다. 본문의 sí는 hallar 동사의 행위를 강조하는 의미로 쓰인 것입니다.

dar cuchillada 칼로 치다 | hallar *tr.* 찾다

CAPÍTULO XI

Continúa la aventura del vizcaíno

12 Dejamos en el capítulo anterior al valiente vizcaíno y al famoso don Quijote con las espadas en alto sin conocer el final. Esto me entristeció*, pues faltaba mucho aún para completar la historia y quería que todo el mundo la leyera.

Estaba un día en Toledo cuando llegó un muchacho a vender cartapacios y papeles viejos. Como soy aficionado a leer, cogí un cartapacio escrito en árabe. Busqué un intérprete que lo tradujera. El traductor* abrió el cartapacio y se echó a reír. Le pregunté por qué se reía y me dijo que se reía de una cosa escrita en el margen del libro. Le pedí que la leyese y dijo:

'~와/과 같이'의 의미를 가진 부사가 아닌 '~이기 때문에'의 의미를 지닌 절을 이끄는 접속사입니다. 같은 의미의 접속사인 porque와 달리 원인절을 앞에 둘 경우 사용합니다. 반대로 보통 porque는 원인절을 뒤에 둘 경우 사용합니다.

—«Esta Dulcinea del Toboso, tantas veces mencionada en esta historia, tiene la mejor mano para salar cerdos de toda la Mancha».

final *m.* 결말, 끝 | entristecer *tr.* 슬프게 하다 | aficionado/a a ~을/를 좋아하는 | intérprete *m.f.* 통역, 통역관 | echarse a 갑자기 ~하기 시작하다 | traductor *m.* 역자, 번역자 (*f.* traductora) | mencionar *tr.* 언급하다, 기재하다

Cuando oí decir «Dulcinea del Toboso» me sorprendí, porque pensé que aquellos papeles contenían la historia de don Quijote. Le pedí que leyese el principio y decía:

Historia de don Quijote de la Mancha, escrita por Cide Hamete Benengeli, historiador arábigo. Me alegré mucho al oír el título del libro, compré el cartapacio y le pedí al intérprete que lo tradujera. En poco más de un mes y medio lo tradujo todo.

Según la traducción, el final de la batalla entre el vizcaíno y don Quijote fue así:

Levantadas las espadas de los valientes caballeros, parecía que amenazaban al cielo y a la tierra. El primero en golpear fue el vizcaíno. Golpeó a don Quijote con mucha fuerza. Le dio en el hombro izquierdo y le cortó media oreja.

Don Quijote estaba rabioso. Se colocó bien sobre Rocinante y apretó de nuevo la espada con las dos manos. Golpeó al vizcaíno en la almohada con que se protegía y en la cabeza. El escudero comenzó a sangrar por la nariz, por la boca y por los oídos. La mula echó a correr y tiró al escudero al suelo.

contener *tr.* 포함하다, 함유하다 | colocarse 몸을 놓다, 위치하다 | de nuevo 다시 | proteger *tr.* 보호하다 | sangrar *tr.* 피를 뽑다, 사혈하다

Don Quijote lo miró tranquilamente y le puso la punta de la espada en los ojos. Le dijo que se rindiese o le cortaría la cabeza. Las mujeres, desde el coche, le pidieron a don Quijote que le perdonase la vida al vizcaíno.

Don Quijote les respondió:

—Hermosas señoras, haré lo que me pedís. Pero sólo si este caballero va a visitar a Dulcinea.

La desconsolada señora le prometió que el escudero haría todo lo que le mandase.

—Entonces no le haré más daño —dijo don Quijote.

Sancho Panza estuvo atento a la batalla de su señor y rogaba a Dios que ganase alguna ínsula para hacerle gobernador. Acabada la batalla, Sancho fue a buscar a don Quijote. Se puso de rodillas, le besó la mano y le dijo:

—Señor don Quijote mío, deme el gobierno de la ínsula que ha ganado en esta batalla. Yo sabré gobernarla.

Don Quijote respondió:

—Hermano Sancho, esta aventura no es de ínsulas, sino de encrucijadas. En estas aventuras no se gana otra cosa que sacar rota la cabeza o una oreja menos. Ten paciencia*, habrá otras aventuras donde te pueda hacer gobernador.

Sancho se lo agradeció y le ayudó a subir sobre Rocinante. Él subió sobre su burro y siguió a su señor.

tranquilamente 차분하게, 평온하게 | punta *f.* 끝 | rendirse 항복하다, 굴복하다 | estar atento/a 주의를 기울이다 | rogar *tr.* 간청하다, 바라다, 기도하다 | paciencia *f.* 인내심

CAPÍTULO XII

Aventura de los yangüeses

13 Cuenta Cide Hamete Benengeli que después de la batalla, pararon a descansar en un prado lleno de hierba fresca por el que corría un arroyo.

parar a + *inf.*: ~을/를 하기 위해서 멈추다

Don Quijote y Sancho se bajaron de sus animales y los dejaron pacer libremente. Mientras, señor y mozo comieron en buena compañía.

En aquel prado había unas yeguas* de unos arrieros gallegos. Rocinante quiso divertirse y fue hacia ellas. Pero las yeguas tenían más ganas de pacer que de otra cosa y recibieron a Rocinante con las herraduras y los dientes. Entonces llegaron los arrieros y le golpearon con palos hasta dejarlo malherido en el suelo.

Don Quijote y Sancho vieron la paliza* que le dieron a Rocinante y fueron corriendo hasta donde estaba. Don Quijote dijo a su escudero:

yangüés 소리아 혹은 세고비아에 있는 마을인 양구에스의 사람(*pl.* yangüeses) | prado *m.* 목장, 목초지 | lleno/a de ... ~(으)로 가득한 | correr *intr.* 달리다, 뛰다, 흐르다 | yegua *f.* 암말 | tener ganas de + *inf.* ~하고 싶다

—Amigo Sancho, éstos no son caballeros, así que puedes ayudarme a vengar el agravio que han hecho a Rocinante.

—¿Qué diablos de venganza hemos de tomar —respondió Sancho—, si son más de veinte y nosotros dos?

—Yo valgo por ciento —replicó don Quijote.

Sin decir nada más, cogió su espada y arremetió contra los gallegos, y lo mismo hizo Sancho Panza. Don Quijote dio una cuchillada a uno y le rasgó la ropa y parte de la espalda. Los gallegos cogieron sus palos y golpearon duramente al caballero y al escudero. Los dos cayeron al suelo junto a Rocinante.

Al ver los gallegos lo que habían hecho, recogieron a sus animales con rapidez y siguieron su camino.

Entonces, Sancho Panza se levantó suspirando y quejándose. Después preparó a su burro y levantó a Rocinante. Colocó a don Quijote sobre el burro y se dirigió hacia el camino real. En él vieron una venta que para don Quijote era castillo. Caballero y escudero discutieron sobre si era venta o castillo hasta llegar a ella.

vengar *tr.* 복수를 하다, 보복을 하다 | rasgar *tr.* 찢다, 산산조각으로 만들다 | camino real *m.* (옛날의) 국도 | discutir *tr.* 토론하다, 언쟁을 하다, ~에 이의를 제기하다

CAPÍTULO XIII

La venta encantada

14 Al llegar a la venta, salió el dueño para ver qué pasaba.

—Mi señor cayó de una peña y tiene algunas heridas —respondió Sancho.

La mujer del ventero corrió a curar a don Quijote. A ella le ayudó su hija, una muchacha joven y de buen parecer. En la venta también había una moza asturiana llamada Maritornes. Era ancha de cara, tuerta y algo encorvada.

Las mujeres hicieron la cama a don Quijote en un antiguo pajar. Allí también dormía un arriero en una cama mejor que la de don Quijote, pues la cama del hidalgo estaba hecha de cuatro tablas sobre dos bancos y un colchón* lleno de bultos.

본문에서는 la cama de don Quijote에서 cama de don Quijote가 생략되고 정관사 인 la만 남아 la cama를 표현하고 있습니다.

Don Quijote se acostó y la ventera y su hija le curaron las heridas.

—¿Cómo se llama este caballero? —preguntó Maritornes.

peña *f.* 바위, 암산 | tuerto/a 애꾸눈의, 외눈의 | hacer la cama 잠자리를 만들다, 이부자리를 펴다 | colchón *m.* 매트리스, 요

—Don Quijote de la Mancha, y es caballero aventurero. De los mejores y más fuertes del mundo —respondió Sancho Panza.

—¿Qué es *caballero aventurero*? —preguntó la asturiana Maritornes.

—Hermana mía, caballero aventurero es el que se ve apaleado y emperador en un momento —contestó Sancho—. Hoy es la criatura más desgraciada* y mañana tiene dos o tres reinos que dar a su escudero.

앞의 경우와 마찬가지로 el caballero es el que se ve apleado에서도 caballero aventurero를 생략하고 el로 표현하였습니다.

—Y, ¿cómo siendo escudero de tan buen señor —dijo Maritornes— no tenéis condado?

—Aún es pronto —respondió Sancho—, porque sólo hace un mes que buscamos aventuras.

Esta conversación la escuchaba atentamente don Quijote. Como pudo, se levantó de la cama, cogió de la mano a la ventera y le dijo:

목적어가 되는 esta conversación 뒤에 직접 목적격 대명사 la를 한 번 더 써서 목적어를 강조하고 있습니다.

—Hermosa señora, podéis llamaros afortunada por alojarme* en vuestro castillo. Gracias por curarme, os lo agradeceré toda la vida.

desgraciado/a 불운한, 불행한 | conversación *f.* 대화, 수다, 회화 | alojarse 묵다, 숙박하다

La ventera, su hija y Maritornes estaban confusas por las palabras de don Quijote. Le agradecieron sus ofrecimientos* y le dejaron. Luego, la asturiana Maritornes curó a Sancho, que lo necesitaba tanto como su señor.

El arriero quedó aquella noche con Maritornes para acostarse juntos. Ella le prometió que cuando todos durmiesen iría a buscarle. Se dice de esta buena moza que siempre cumplía su palabra.

> decir 동사 앞에 비인칭 se를 이용하여 일반적인 상황을 서술합니다. 비인칭의 se를 쓸 때 동사는 항상 3인칭 단수를 씁니다.

La primera cama de la habitación era la de don Quijote. Luego estaba la de Sancho, y por último la del arriero. El arriero estaba tumbado en su cama esperando a Maritornes. Sancho y don Quijote también estaban acostados, pero ninguno dormía. El arriero porque esperaba a la puntual Maritornes; don Quijote y Sancho por el dolor de sus respectivas costillas. Toda la venta estaba en silencio y no había ninguna luz.

Con este silencio, don Quijote empezó a imaginar cosas que leyó en sus libros. Imaginaba que estaba en un castillo y que la hija del señor del castillo estaba enamorada de él. Imaginaba que ella dormiría con él aquella noche.

ofrecimiento *m.* 제공, 신청 | tanto A como B A만큼 B도 | cumplir *tr.* 완수하다, 이행하다, 약속을 지키다 | puntual 시간을 엄수하는, 충실한

Mientras pensaba en estos disparates, Maritornes fue a buscar al arriero. Al llegar a la puerta, don Quijote la oyó. Se sentó en la cama y estiró los brazos para recibir a su hermosa doncella. Agarró a Maritornes de la mano y la sentó junto a él.

Entonces le comenzó a decir en voz baja:

—Hermosa y alta señora, quisiera estar en condiciones de satisfacer el favor que me hace, pero estoy postrado en esta cama completamente molido. Además, me debo a Dulcinea del Toboso. Ella es la única señora de mis pensamientos.

Maritornes no entendía nada de lo que don Quijote decía. El arriero estaba despierto y lo escuchó todo. Se puso celoso* y se acercó a la cama de don Quijote. Como vio que Maritornes intentaba escapar y don Quijote no le dejaba, le dio un gran puñetazo. Luego se subió encima de él y le molió al trote las costillas.

Con el peso de los tres, la cama se rompió. El ruido despertó al ventero. Al momento imaginó que eran pleitos de Maritornes, pues la llamaba y no respondía. Se levantó, encendió un candil y fue hacia la habitación. Maritornes, al ver que su amo venía, se metió en la cama de Sancho Panza.

El ventero entró y dijo:

—¿Dónde estás, puta? Seguro que esto es cosa tuya.

mientras 그러는 사이에, ~하는 동안 | estirar *tr.* 늘이다, 펴다, 잡아당기다 | completamente 완전히, 전부 | único/a 유일한, 특이한, 독특한 | celoso/a 질투하는, 질투심이 강한

Entonces, Sancho se despertó y sintió un bulto encima. Pensó que era una pesadilla*. Comenzó a dar golpes a Maritornes y ella a él. El arriero fue a ayudar a Maritornes y el ventero hizo lo mismo. Todos se daban golpes: el arriero a Sancho, Sancho a Maritornes, Maritornes a Sancho y el ventero a Maritornes. Y lo mejor fue que al ventero se le apagó el candil. Así, todo se quedó a oscuras y unos a otros se golpeaban sin parar.

> 접속사로 쓰일 때 entonces는 '그래서', '그렇다면'을 의미하지만, 부사의 entonces는 '그 당시', '그때의'라는 의미를 지닙니다.

Aquella noche estaba alojado en la venta un cuadrillero de la Santa Hermandad. Al oír el ruido de la pelea, fue a la habitación y dijo:

—¡Alto en nombre de la justicia!

El cuadrillero se encontró con don Quijote. Estaba tumbado en la cama y no se movía. Entonces, exclamó:

—¡Cierren la puerta de la venta! ¡Que no se vaya nadie, pues aquí han matado a un hombre!

Todos se asustaron y pararon de pelear. El ventero volvió a su habitación, el arriero a su cama y Maritornes a la suya. Sólo don Quijote y Sancho no pudieron moverse. El cuadrillero salió a buscar luz para atrapar a los delincuentes, pero no la encontró. El ventero la apagó y el cuadrillero fue a la chimenea para encender otro candil.

> 'parar de + *inf.*'는 '~을/를 멈추다'를 뜻하는 반면 'parar a + *inf.*'는 '~을/를 하기 위해서 멈추다'는 의미를 가집니다.

meterse en ~(으)로 들어가다 | pesadilla *f.* 악몽 | justicia *f.* 정의 | chimenea *f.* 굴뚝, 난로

CAPÍTULO XIV

Bálsamo de Fierabrás

15 Al rato, don Quijote volvió en sí y llamó a Sancho:

—Sancho amigo, ¿duermes? ¿Duermes, amigo Sancho?

—¡Cómo voy a dormir, si parece que todos los diablos se han liado conmigo esta noche! —respondió Sancho.

—Créelo así —dijo don Quijote— porque este castillo está encantado. Te contaré un secreto si juras que lo guardarás hasta después de mi muerte.

2인칭 단수 명령법인 cree에 직접 목적격 대명사를 쓸 경우 명령법 뒤에 바로 붙여서 créelo와 같이 씁니다. 이 경우, 동사의 강세를 유지하기 위해 원래 강세 자리에 강세 표시(tilde)를 찍습니다.

—Sí, lo juro —respondió Sancho.

—Esta noche me ha sucedido una de las más extrañas aventuras que pueda contar —dijo don Quijote—. Ya te he dicho que este castillo está encantado. Pues bien. Hasta mi cama vino la hermosa hija del señor del castillo y cuando estaba con ella en dulces coloquios, el brazo de un gigante me golpeó. Me molió de tal manera que estoy peor que

volver en sí 정신을 차리다 | coloquio *m.* 대화, 토론

después de la pelea de ayer. Quizá el tesoro de la hermosura de esta dama debe guardarlo algún moro[6] encantado y no es para mí.

—Ni para mí tampoco —respondió Sancho—, porque más de cuatrocientos moros me han golpeado.

—¿También te han golpeado a ti? —preguntó don Quijote.

—¿No le he dicho que sí? —dijo Sancho.

—No tengas pena, amigo —dijo don Quijote—, que haré un bálsamo mágico* para nuestros dolores y nos curaremos enseguida.

El cuadrillero entró en la habitación con el candil encendido para ver al muerto. Sancho, al verlo entrar en camisa, con el gorro de dormir, el candil y muy mala cara, preguntó a su señor:

—Señor, ¿será éste el moro encantado que vuelve para castigarnos otra vez?

—No puede ser el moro —respondió don Quijote—. Los encantados no se dejan ver por nadie.

—Si no se dejan ver, se dejan sentir —dijo Sancho.

Llegó el cuadrillero y como los vio hablando quedó sorprendido.

de tal manera que 그런 이유로 ~하다 | quizá 아마 | mágico/a 마법의, 마술의 | castigar *tr.* 벌주다, 벌하다, 징계하다

6 moro: 북아프리카 무어인, 모로인(이베리아 반도와 북아프리카에 살던 이슬람계 인종)

Se acercó a don Quijote y le dijo:

—¿Cómo está, buen hombre?

—Debería ser más educado —respondió don Quijote—. ¿En esta tierra se habla así a los caballeros andantes, imbécil?

El cuadrillero, al verse tratar tan mal, levantó el candil y le dio un golpe en la cabeza a don Quijote. Todo quedó a oscuras y se fue. Sancho Panza dijo:

—Sin duda, señor, éste es el moro encantado.

—Así es —respondió don Quijote—. Levántate, Sancho. Llama al señor del castillo. Pídele un poco de aceite, vino, sal y romero para hacer el bálsamo.

Sancho se levantó con mucho dolor y fue a buscar al ventero. El ventero le dio lo que quiso y se lo llevó a don Quijote. Éste cogió los ingredientes*, los mezcló y los coció.

Terminado el bálsamo, don Quijote quiso probarlo primero. En cuanto bebió un poco, comenzó a vomitar de forma que no le quedó nada en el estómago. Después comenzó a sudar* mucho y pidió que le arropasen y le dejasen solo. Se quedó dormido más de tres horas. Cuando despertó se sentía mucho mejor. Así que creyó que el bálsamo funcionaba y que de ahí en adelante podía acometer sin temor cualquier batalla.

educado/a 훌륭한 교육을 받은, 예의 바른 | imbécil *m.f.* 바보, 멍청이 | ingrediente *m.* 성분, 재료, 원료

Sancho Panza le rogó que le diese del bálsamo. Don Quijote aceptó y Sancho también bebió. Pero su estómago no era tan delicado como el de su señor. Antes de vomitar, tuvo muchos desmayos y sudores*. Pensaba que se moría. Entonces maldijo* el bálsamo una y mil veces.

'간청하다'의 뜻을 가진 동사 rogar 역시 상대가 무엇을 하기 바라는 동사이므로 que 뒤의 종속절에 접속법을 씁니다.

Al verlo don Quijote le dijo:

—Yo creo, Sancho, que todo este mal te viene por no ser caballero.

—Entonces, ¿por qué dejó que bebiese? —replicó Sancho.

En ese momento, Sancho volvió a vomitar. Todos pensaron que se moría. Estuvo así casi dos horas. Estaba tan mal que no podía moverse.

Pero, como don Quijote se sentía sano, quiso buscar nuevas aventuras. Ensilló a Rocinante y preparó el burro de su escudero. Luego ayudó a Sancho a vestirse y a montar.

probar *tr.* 시험하다, 테스트하다 | vomitar *tr.* 구토하다, 게우다 | más de ~ 이상 | temor *m.* 겁, 두려움 | delicado/a 자세한, 예민한, 정교한, 신중한 | maldecir *tr.* 저주하다, 헐뜯다, 비방하다

CAPÍTULO XV

Manteamiento de Sancho Panza

◀16 Todos los miraban atentamente. Cuando los dos estuvieron en la puerta de la venta, don Quijote llamó al ventero y le dijo:

—Señor alcaide, he recibido muchas atenciones en vuestro castillo. Os lo agradeceré todos los días de mi vida. Os puedo pagar vengándoos de algún enemigo.

El ventero le respondió:

—Señor caballero, no necesito que me vengue. Sólo necesito que me pague lo que han gastado en la venta.

—Luego, ¿esto es una venta? —replicó don Quijote.

—Y muy honrada —respondió el ventero.

—Engañado he vivido hasta aquí. Yo pensaba que era un castillo. Puesto que es venta, tenéis que perdonar la paga. Nunca he leído que los caballeros andantes paguen en las ventas —dijo don Quijote.

atentamente 주의 깊게, 정중히 | honrado/a 정직한, 성실한

—Págueme lo que me debe y déjese de cuentos ni de caballerías —respondió el ventero.

dejar de + 명사: ~을/를 그만두다

—Sois un imbécil y un mal ventero —respondió don Quijote.

Y salió de la venta sin que nadie lo detuviese.

El ventero, que lo vio irse sin pagar, fue a cobrarle a Sancho Panza. Pero Sancho le dijo:

—Si mi señor no ha querido pagar, yo tampoco pagaré.

El ventero lo amenazó, pero Sancho no quiso pagar por no ir contra la ley de caballería. Quiso la mala suerte del desdichado Sancho que en la venta hubiera bastante gente de vida alegre, y decidieron burlarse de él. Lo bajaron del burro y lo mantearon en el patio de la venta. El pobre escudero gritaba y don Quijote se dio la vuelta para ayudarle. Llegó a la venta y no pudo entrar. La puerta estaba cerrada. Entonces, tras las paredes del corral, vio a Sancho subir y bajar por el aire. Al final se cansaron de mantearlo y lo dejaron marchar.

Salió Sancho de la venta muy contento por no haber pagado nada. Sin embargo, el ventero se quedó con las alforjas como pago de la deuda.

bastante 상당한, 충분한, 제법 | cansarse de ~에 지치다 | deuda *f.* 빚, 채무

CAPÍTULO XVI

Aventura de los rebaños

17 Sancho alcanzó a su señor y éste al verlo le dijo:

—No hay duda ninguna, Sancho bueno, de que aquel castillo o venta está encantado. ¿Qué son sino fantasmas los que se divirtieron contigo?

—No eran fantasmas, sino hombres de carne y hueso —respondió Sancho—. Me parece que las aventuras que buscamos sólo nos traen desventuras*. Deberíamos volver a casa y no andar de Ceca en Meca.

hombre de carne y hueso는 '뼈와 살로 된 사람'이란 뜻으로 보통 사람을 의미합니다.

—¡Qué poco sabes —dijo don Quijote— de aventuras caballerescas! Calla y ten paciencia. Ya verás algún día lo honrosa que es esta profesión. Dime si hay algo mejor que vencer en una batalla.

—Así será —respondió Sancho—. Pero desde que somos caballeros andantes no hemos ganado ninguna batalla. Sólo hemos ganado palos y manteamientos.

동사 ganar가 '이기다'와 '얻다/받다'의 두 개의 뜻이 있다는 것을 이용한 언어 유희로 쓰입니다.

alcanzar *tr.* 닿다, 따라잡다, 도달하다 | fantasma *m.* 유령, 도깨비, 환영, 환각 | desventura *f.* 불운, 불행 | vencer *tr.* 적을 타파하다, 무찌르다, 이기다

Esta conversación tenían don Quijote y Sancho cuando el caballero divisó una grande y espesa polvareda que venía hacia ellos. Al verla, se volvió a Sancho y dijo:

—Éste es mi día de suerte, ¡oh Sancho! ¿Ves aquella polvareda? Pues es un gran ejército.

—Son dos, porque por esta otra parte hay otra polvareda —dijo Sancho.

Volvió a mirar don Quijote y vio que era verdad. Se alegró mucho porque creía que dos ejércitos iban a luchar en aquella llanura. Sin embargo, la polvareda la levantaban dos grandes rebaños de ovejas que venían de diferentes partes. Pero con el polvo no se veían las ovejas y Sancho creyó que eran ejércitos. Entonces, preguntó a don Quijote:

—Señor, ¿qué debemos hacer nosotros?

—¿Qué? Ayudar a los necesitados y desvalidos—dijo don Quijote—. Has de saber, Sancho, que de frente viene el emperador Alifanfarón, señor de la gran isla Trapobana. Y este otro es su enemigo, Pentapolén del Arremangado Brazo. Lo llaman así porque siempre entra en las batallas con el brazo derecho desnudo.

haber de + *inf.*: ~해야 하다

A continuación, don Quijote empezó a describir los ejércitos a Sancho. Mientras, el escudero miraba de un lado a otro sin encontrar los gigantes y caballeros que su señor señalaba. Y le dijo:

polvareda *f.* 흙먼지 | ejército *m.* 군, 군대 | luchar *intr.* 싸우다, 언쟁을 하다 | de un lado a/para otro 이리저리로, 이편저편으로

—Señor, yo no veo ni gigantes, ni caballeros. Quizás sea todo encantamiento, como el de la venta.

—¿Cómo dices eso? —respondió don Quijote—. ¿No oyes relinchar a los caballos y el ruido de los tambores?

—Sólo oigo muchos balidos de ovejas —respondió Sancho.

—El miedo que tienes hace, Sancho, que no veas ni oigas bien. Y si tanto miedo tienes, retírate y déjame solo. Pues yo solo me basto para dar la victoria a quien ayude —dijo don Quijote.

Y diciendo esto, entró por medio del rebaño y comenzó a golpear a las ovejas. Los pastores le daban voces para que no lo hiciese. Pero como no les hacía caso, empezaron a tirarle piedras con sus hondas.

Una de las piedras le dio en las costillas, sepultándoselas en el cuerpo. Al verse tan mal, sacó el bálsamo y bebió un poco. Pero llegó otra almendra y le dio en la mano. La piedra rompió el frasco del bálsamo y se llevó tres o cuatro dientes de la boca de don Quijote.

Éste cayó al suelo por el golpe. Los pastores se acercaron y creyeron que estaba muerto. Con mucha prisa, recogieron su ganado*, cargaron con las ovejas muertas y se fueron.

piedra *f.* 돌, 바위 조각 | ganado *m.* 가축 | cargar *tr.* 싣다, 메다

Sancho miraba las locuras de su señor y maldecía haberlo conocido. Fue a buscarlo y lo encontró muy malherido. Entonces le dijo:

—¿No le decía yo, señor don Quijote, que no eran ejércitos, sino rebaños de ovejas?

—Sancho, el encantador que me persigue ha transformado los ejércitos en rebaños de ovejas —dijo don Quijote—. Estaba celoso de la gloria que alcanzaría con esta aventura. Sube en tu burro y síguelos. Ya verás cómo se convierten en hombres hechos y derechos. Pero no vayas ahora, que necesito tu ayuda. Acércate y mira cuántas muelas* y dientes me faltan, me parece que no me ha quedado ninguno en la boca.

Sancho se acercó y, en ese momento, hizo efecto el bálsamo y don Quijote vomitó sobre la cara de Sancho todo lo que tenía dentro.

—¡Santa María! —dijo Sancho—, ¿qué me ha pasado?

Pero por el color y el olor se dio cuenta de que era el bálsamo. Fue hacia su burro a buscar en las alforjas algo para limpiarse y curar a su señor. Y, como no las encontró, estuvo a punto de volverse loco. Se maldijo y decidió dejar al caballero y volver a su casa.

estar a punto de + *inf.*: 거의 ~할 지경이다

locura *f.* 미친 짓, 광기, 정신 착란, 열애 | perseguir *tr.* 쫓다, 추적하다, 추구하다 | transformar en ~(으)로 변질시키다, 바꾸다 | darse cuenta de ~인 것을 알아채다

Don Quijote se levantó y se acercó donde estaba su escudero. Al verlo pensativo y con muestras de tristeza, le dijo:

—Sancho, todo lo que nos pasa son señales de que pronto nos sucederán cosas buenas. Como ha durado mucho el mal, el bien está ya cerca. No debes preocuparte por las desgracias que me ocurren, pues a ti no te tocan.

—¿Cómo no? —respondió Sancho—. Ayer me mantearon y hoy me faltan las alforjas.

—¿Que te faltan las alforjas, Sancho? —dijo don Quijote.

—Sí que me faltan —respondió Sancho.

—Entonces, no tenemos nada para comer hoy —replicó don Quijote—. Pero no pasa nada. Sube en tu burro, Sancho, y vente detrás de mí. Dios nos ayudará.

—Será como vuestra merced dice. Y ahora vamos a buscar un sitio donde pasar la noche —respondió Sancho.

—Guía por donde quieras —dijo don Quijote—, pero dame la mano y mira cuántos dientes y muelas me faltan.

durar *intr.* 계속하다, 지속하다

Sancho metió los dedos y dijo:

—¿Cuántas muelas tenía vuestra merced en esta parte?

—Cuatro —respondió don Quijote—, todas enteras y muy sanas.

—¿Está vuestra merced seguro? —respondió Sancho—. Abajo tiene dos muelas y media, y arriba ninguna.

—¡Sin ventura yo! —dijo don Quijote—. La boca sin muelas es como molino sin piedra. Sube, amigo, y guía, que yo te seguiré.

Así lo hizo Sancho y, siguiendo el camino real, se dirigió hacia algún lugar donde descansar.

CAPÍTULO XVII

Aventura del cuerpo muerto

18 Ya era de noche cuando vieron muchas luces que venían hacia ellos. Sancho se asustó y se puso a temblar. A don Quijote se le pusieron los pelos de punta.

Entonces dijo:

—Ésta es una peligrosa y gran aventura, Sancho.

Los dos se apartaron a un lado del camino y miraron atentamente las luces. Enseguida descubrieron a unos encamisados, todos a caballo con hachas encendidas en las manos. Detrás iba una litera cubierta de luto*. Don Quijote imaginó que en la litera iba un caballero herido o muerto. Sólo él podía vengarle.

Entonces se puso en la mitad del camino y dijo:

—Deteneos, caballeros. ¿Quiénes sois, dónde vais y qué lleváis en esa litera?

—No podemos detenernos porque tenemos prisa —respondió uno de los encamisados.

temblar *intr.* 떨리다, 흔들리다, 벌벌 떨게 하다 | descubrir *tr.* 밝혀내다, 명백히 하다 | luto *m.* 상, 상중

Don Quijote se molestó por esta respuesta y repitió:

—Deteneos y contestadme a lo que he preguntado. De lo contrario, lucharé contra todos vosotros.

La mula del encamisado se asustó y tiró a su dueño al suelo. Don Quijote se acercó, le puso la lanza en la cara y le dijo que se rindiese o le mataría.

El caído respondió:

—No me puedo mover porque tengo una pierna rota. Le suplico que no me mate. Soy bachiller y vengo de Baeza con otros once sacerdotes*. Vamos a Segovia con un caballero muerto para enterrarlo allí.

—¿Y quién le mató? —preguntó don Quijote.

—Unas fiebres* que le dieron —respondió el bachiller.

—Entonces —dijo don Quijote— no tengo que vengar su muerte. Yo soy un caballero de la Mancha, llamado don Quijote. Mi oficio* es enderezar tuertos y deshacer agravios.

—Ayúdeme —suplicó el bachiller— a salir de debajo de esta mula.

Don Quijote llamó a Sancho y ayudó al bachiller. Entonces Sancho dijo:

sacerdote *m.f.* 제사관, 성직자 | fiebre *f.* 열, 열병 | oficio *m.* 일, 직무

—Si quiere saber quién es este valiente caballero, se llama don Quijote de la Mancha. También conocido como el Caballero de la Triste Figura.

Con esto, el bachiller se fue y don Quijote le preguntó a su escudero:

—¿Por qué me has llamado Caballero de la Triste Figura?

—Porque con la luz de las hachas, tiene la más mala figura que jamás he visto —respondió Sancho.

Antes de irse de allí, don Quijote quería mirar si el cuerpo de la litera tenía huesos o no. Pero Sancho no se lo permitió y le dijo:

—Señor, vámonos a comer y a descansar. El muerto a la sepultura y el vivo a la hogaza.

Sancho se apoderó de las provisiones de los frailes. Luego cogió a su burro y rogó a su señor que le siguiese. Poco después encontraron un escondido valle. Allí comieron todo lo que necesitaban. Pero les sucedió otra desgracia que para Sancho fue la peor de todas. No tenían ni vino ni agua que beber. Entonces, Sancho dijo lo que se cuenta en el próximo capítulo.

jamás 결코, 지금까지, 전에, 한 번도 ~ 아니다 | escondido/a 숨겨진, 외진

CAPÍTULO XVIII

Aventura de los batanes

◀19 —Estas hierbas —dijo Sancho— son testimonio* de que cerca hay una fuente o un arroyo. Vamos un poco más adelante.

A los pocos pasos, oyeron correr el agua. Se alegraron mucho, pero, de repente, oyeron un gran ruido. Eran golpes terribles de hierros y cadenas. En la noche oscura, los ruidos causaban mucho miedo. Pero don Quijote, con su valiente corazón, saltó sobre Rocinante y dijo:

—Fiel escudero, la oscuridad de esta noche, el silencio, el ruido del agua son estímulos* para intentar esta aventura. Espérame aquí tres días y, si no vuelvo, vete a nuestra aldea.

'기다리다'의 의미를 가진 esperar의 2인칭 단수 긍정 명령법입니다. 본문과 같이 명령법과 직·간접 목적격 대명사가 함께 쓰일 때에는 반드시 동사 뒤에 간접, 직접 목적격 대명사 순으로 붙여 씁니다. 대명사가 붙으면서 강세가 이동되므로, 그 강세를 보존하기 위하여 원래 동사의 강세 부분인 e에 강세를 찍습니다.

Sancho comenzó a llorar y a decirle:

—Señor, no intente esta aventura espantosa. Es de noche y no nos ve nadie, así que vámonos de aquí.

—Ni lágrimas ni ruegos —respondió don Quijote— me apartarán de hacer lo que debo.

testimonio *m.* 증언, 증거, 정표 | hierro *m.* 철, 쇠 | estímulo *m.* 자극, 자극 효과, 인센티브

Sancho decidió que su señor esperase hasta el día siguiente. Para conseguirlo, ató las patas de Rocinante de forma que no pudiera moverse. Así, cuando don Quijote quiso partir, no pudo.

—Señor —dijo Sancho—, el cielo ha ordenado que Rocinante no pueda moverse.

Don Quijote no tuvo más remedio que esperar la llegada del alba.

—No se preocupe —respondió Sancho—. Para entretenerle le contaré cuentos hasta que llegue el día.

Y así, el escudero le contó la historia de una pastora llamada Torralba. Al terminar, el hidalgo intentó mover de nuevo a Rocinante, pero era imposible.

En esto, Sancho necesitaba hacer lo que otro no puede hacer por él. Pero el miedo que tenía no le permitía apartarse de su señor. Así que se bajó los pantalones, levantó la camisa y dejó al aire su trasero. Sin embargo, tuvo otro problema, pues no podía defecar sin hacer ruido. Comenzó a apretar los dientes, encoger los hombros y coger aire, pero todo fue inútil. Al fin, hizo un poco de ruido y don Quijote, al oírlo, dijo:

—¿Qué ruido es ése, Sancho?

atar *tr.* 동여매다, 묶다 | ordenar *tr.* 명령하다, 정리하다, 질서를 세우다 | entretener *tr.* 즐겁게 하다, 기분 전환을 시키다 | cuento *m.* 이야기, 콩트, 옛이야기 | trasero *m.* 궁둥이, 엉덩이(trasero/a 뒤에 있는) | inútil 무익한 쓸모없는

—No sé, señor —respondió él—. Alguna cosa nueva será Sancho probó de nuevo y, esta vez, sin ruido, se libró de la carga que tenía. Pero como don Quijote tenía el olfato* muy fino, llegó el olor a sus narices. Entonces, apretándolas con los dedos dijo:

—Me parece, Sancho, que tienes mucho miedo.

—Sí tengo —respondió Sancho—, pero ¿en qué lo nota vuestra merced?

—En que hueles más que nunca —respondió don Quijote—. Retírate y de ahora en adelante ten más respeto a mi persona.

En estos coloquios pasaron la noche hidalgo y mozo. A la mañana siguiente, Sancho desató a Rocinante. Cuando don Quijote vio que su caballo se movía, decidió intentar aquella aventura. Caminaron unos cien pasos y descubrieron la causa del ruido. Eran seis mazos de batán. Sus golpes formaban aquel estruendo. Cuando don Quijote vio lo que era, enmudeció. Sancho lo miró y vio que estaba avergonzado. Don Quijote también miró a Sancho y vio que se estaba riendo. Así que él también se echó a reír.

Mientras reía, Sancho se burlaba de las palabras de su señor la primera vez que oyeron los ruidos. Pero don Quijote, al ver a su escudero burlarse de él, le dio dos golpes con la lanza. Entonces Sancho le pidió perdón al caballero y dejó de reírse.

librarse 자신을 해방하다, 도망치다 | olfato *m.* 후각 | respeto *m.* 존경, 경의

CAPÍTULO XIX

Aventura del yelmo de Mambrino

◀20 Entonces, comenzó a llover un poco. Sancho quería entrar en el molino, pero don Quijote no quiso en modo alguno. Al poco rato, don Quijote vio un hombre a caballo. El hombre llevaba una cosa en la cabeza que brillaba como si fuera de oro.

En cuanto lo vio, le dijo a Sancho:

—Me parece, Sancho, que donde una puerta se cierra, otra se abre. Si no me engaño, ese hombre trae en la cabeza el yelmo de Mambrino.

—Mire bien lo que dice, no vaya a suceder lo mismo que con los batanes —dijo Sancho.

—¿Cómo me puedo engañar en lo que digo? ¿No ves aquel caballero sobre un caballo y un yelmo de oro en la cabeza?—respondió don Quijote.

—Lo que yo veo es un hombre sobre un burro que trae una cosa brillante en la cabeza —respondió Sancho.

rato *m.* 잠깐, 짧은 시간

—Pues ése es el yelmo de Mambrino —dijo don Quijote.

Lo que veía don Quijote era un barbero. Como llovía, llevaba una bacía en la cabeza para no mojarse. Y como la bacía estaba limpia, brillaba desde lejos. Don Quijote atacó al barbero y le dijo:

—¡Defiéndete, cautiva criatura, o dame lo que me debes!

El barbero, al verlo, se dejó caer del burro y se fue a todo correr. Dejó en el suelo la bacía y don Quijote se puso muy contento. Mandó a Sancho que cogiese el yelmo. Sancho lo cogió y dijo:

—Esta bacía es muy buena.

Don Quijote se la puso en la cabeza y dijo:

—Este yelmo es muy grande. Su dueño tenía una gran cabeza. Lo malo es que le falta la mitad.

Cuando Sancho oyó llamar yelmo a la bacía, empezó a reírse, pero se calló al momento al ver a su señor enfadado.

Entonces, Sancho dijo:

—¿Qué haremos con este burro que dejó aquí aquel Martino?

brillante 빛나는, 번쩍이는, 훌륭한, 근사한 | mojarse 젖다, 자신의 몸을 적시다 | contento/a 만족한, 기쁜, 즐거운

—No suelo despojar* a los que venzo —dijo don Quijote—. Así que, Sancho, deja ese caballo, o burro, o lo que tú quieras que sea. Su dueño volverá a por él en cuanto nos marchemos.

—Dios sabe que me gustaría llevármelo —replicó Sancho— o, por lo menos, cambiarlo por el mío, que no es tan bueno. ¿Puedo cambiar, al menos, los aparejos?

—Cámbialos —respondió don Quijote— si lo necesitas.

Sancho, con el permiso de su señor, cambió los aparejos de un burro a otro. Después, almorzaron un poco y siguieron caminando por donde la voluntad de Rocinante quiso.

Mientras caminaban, Sancho dijo a don Quijote:

—Señor, desde hace algunos días he pensado que se gana poco buscando aventuras. Creo que deberíamos servir a algún emperador o príncipe que tenga alguna guerra. Así vuestra merced podrá mostrar su valor y recibiremos alguna recompensa*.

despojar *tr.* 빼앗다, 없애다 | al menos 적어도 | voluntad *f.* 뜻, 의지, 바람, 소망 | emperador *m.* 황제 (*f.* emperadora) | recompensa *f.* 포상, 상, 보상, 배상

—No dices mal, Sancho —respondió don Quijote—, pero antes debemos andar por el mundo buscando aventuras. Así ganaremos nombre y fama* para ser conocidos por todos.

—Pues, encomendémonos a Dios —respondió Sancho— y dejemos correr la suerte.

—Así será —dijo don Quijote.

Y, alzando los ojos, vio lo que se dirá en el siguiente capítulo.

fama *f.* 명성, 평판

CAPÍTULO XX

Aventura de los galeotes

◀21 Cuenta Cide Hamete Benengeli que, después de esta conversación, don Quijote alzó los ojos y vio venir por el camino a doce hombres a pie. Iban encadenados. Venían también dos guardias a caballo y dos a pie. Llevaban escopetas* y espadas.

Cuando Sancho Panza los vio, dijo:

—Ésta es cadena de galeotes, gente forzada* del rey, que van a galeras.

—¿Cómo gente forzada? —preguntó don Quijote.

—Es gente condenada por sus delitos. Deben servir al rey en las galeras —respondió Sancho.

—O sea, que esta gente va por fuerza y no por voluntad —replicó don Quijote.

—Así es —dijo Sancho.

galeote *m.* 갤리선에서 노 젓던 죄수들 | encadenado/a 쇠사슬로 묶인 | guardia *f.* 감시, 경비 대원 | escopeta *f.* 엽총 | forzado/a 강제적인 | delito *m.* 범죄, 억울한 일

—Entonces tengo que hacer mi oficio: evitar la fuerza y ayudar a los miserables* —dijo su señor.

Don Quijote se acercó a los galeotes y preguntó al primero cuáles eran sus pecados. Él le respondió que iba preso por enamorado.

—¿Por eso nada más? —replicó don Quijote.

—No son los amores que vuestra merced piensa —dijo el galeote—. Quise tanto a una cesta* llena de ropa blanca, que la robé.

El hidalgo preguntó lo mismo al segundo, pero no respondió palabra. El que iba el primero dijo:

—Éste, señor, va por músico.

—Pues, ¿cómo? —repitió don Quijote—. ¿También van a galeras por músicos?

—A este pecador* le torturaron y confesó su delito —dijo el galeote—. Era ladrón de bestias.

Después pasó al tercero y le preguntó lo que a los otros. Éste respondió:

miserable *m.f.* 불행한 사람(*adj.* 불행한, 불쌍한) | cesta *f.* 바구니 | pecado *m.* 죄 | torturar *tr.* 고문하다, 못살게 굴다

—Yo voy por cinco años a galeras por faltarme diez ducados. —Yo daré veinte —dijo don Quijote— por liberaros.

> 동사 원형 역시 뒤에 직·간접 대명사를 붙일 수 있으며 강세가 이동되면 원래 강세 자리에 강세를 표시합니다. 다만, 현재 분사나 긍정 명령법의 경우처럼 반드시 붙여야 하는 것은 아니고, 조동사와 함께 쓰일 때에는 원래의 용법대로 동사 앞에 분리하여 쓰일 수도 있습니다.

—Eso es como tener dineros en mitad del golfo —respondió el galeote— y estar muriendo de hambre sin tener dónde comprar. Con ese dinero habría comprado a algunas personas para quedar en libertad.

Don Quijote pasó al siguiente galeote y le preguntó su delito.

—Yo me burlé demasiado con varias mujeres y creció la familia. Se probó todo, no tuve ayuda y me mandaron seis años a galeras.

Al final, venía un hombre de buen parecer. Tenía unos treinta años y era bizco. Estaba atado con más cadenas que los otros. Don Quijote preguntó por qué llevaba tantas cadenas. El guardia le respondió que tenía más delitos que todos los demás.

—¿Qué delitos tiene si sólo lo llevan a galeras? —dijo don Quijote.

demás 다른 그 밖의

—Va por diez años, que es lo mismo que la muerte —replicó el guardia—. Este hombre es el famoso Ginés de Pasamonte.

—Señor caballero, si tiene algo que darnos, dénoslo ya. Si no, déjenos en paz —respondió Ginés—. Si quiere saber mi vida, soy Ginés de Pasamonte. Yo he escrito mi vida con estas manos.

—¿Es bueno su libro? —dijo don Quijote.

—Es tan bueno que mal año para *Lazarillo de Tormes*[7] —respondió Ginés.

—¿Y cómo se titula el libro? —preguntó don Quijote.

—*La vida de Ginés de Pasamonte* —respondió él mismo.

—¿Y está acabado? —preguntó don Quijote.

—¿Cómo puede estar acabado —respondió él—, si aún no está acabada mi vida?

Después, don Quijote dijo:

—Queridos hermanos, os han castigado por vuestras culpas. Pero sé que las penas que vais a sufrir no os gustan. Así que quiero rogar a vuestros guardianes que os dejen libres.

dejar en paz 조용히 내버려 두다

7 Lazarillo de Tormes: "라사리요 데 토르메스"는 스페인 최초의 악자(피카레스크) 소설입니다.

—¡Vaya tontería! Déjenos en paz, señor, y no busque tres pies al gato[8] —respondió el guardia.

—¡Vos sois el gato y el bellaco! —respondió don Quijote.

Y diciendo esto, arremetió contra el guardia y lo dejó malherido. Tras el asombro* inicial, los demás guardias atacaron a don Quijote. Al tiempo, los galeotes intentaban liberarse y Sancho ayudó a Ginés de Pasamonte a soltarse de las cadenas. Éste, una vez liberado, cogió la escopeta del guardia malherido y el resto de guardias huyeron al verlo.

Sancho estaba preocupado por si los guardias avisaban a la Santa Hermandad. Así que rogó a don Quijote que se fuesen de allí y se escondiesen en la sierra.

—Está bien lo que dices. Pero antes tengo que hacer otra cosa —dijo don Quijote.

Entonces llamó a todos los galeotes y les dijo:

—De gente bien nacida es agradecer la ayuda que reciben. En pago del favor que os he hecho, iréis al Toboso a ver a la señora Dulcinea. Contadle esta famosa aventura.

Ginés de Pasamonte dijo:

culpa *f.* 실수, 잘못, 탓 | pena *f.* 벌, 형벌, 슬픔, 괴로움, 걱정 | asombro *m.* 놀라움 | sierra *f.* 산맥, 톱

8 no busque tres pies al gato: '고양이에게서 세 발을 찾지 말라'는 뜻으로 가능성이 없는 일에 공연히 참견하지 말라는 의미로 사용되었습니다.

—Lo que vuestra merced nos manda, señor libertador nuestro, es imposible. No podemos ir juntos por los caminos porque nos encontrarían.

Don Quijote se enfadó por la respuesta de Ginés y le dijo:

—Don hijo de puta, don Ginesillo de Paropillo o como os llaméis. Irás tú solo con la cadena a cuestas.

Pasamonte, que imaginaba que don Quijote estaba loco, comenzó a tirarle piedras. También le tiraban piedras los otros galeotes. Le dieron con tanta fuerza que cayó al suelo. Luego huyeron todos. Así quedaron solos burro y Rocinante, Sancho y don Quijote.

CAPÍTULO XXI

Aventura de Sierra Morena

22 Viéndose tan malherido, don Quijote dijo a su escudero:

—Siempre he oído, Sancho, que hacer bien a villanos es echar agua en el mar. Debí creer lo que me dijiste, pero ya está hecho. Paciencia y aprender de aquí en adelante.

—Pues créame ahora —respondió Sancho— y evitará otro daño mayor. Con la Santa Hermandad no hay caballeros andantes.

—Sancho, eres cobarde por naturaleza —dijo don Quijote—, pero por esta vez acepto tu consejo.

Subió don Quijote sobre su caballo y Sancho sobre su burro. Luego entraron en Sierra Morena. Sancho quería esconderse allí por si los buscaban para castigarles por liberar a los galeotes.

Cuando don Quijote entró por aquellas montañas, se le alegró el corazón. Pensaba que era un sitio ideal para encontrar aventuras.

malherir *tr.* 중상을 입히다, 심한 상처를 입히다 | daño *m.* 손해, 피해, 병, 상처 | por naturaleza 천성적으로, 본래 | por si 만일, 만일에 대비해서 | liberar *tr.* 해방시키다, 석방하다 | ideal 이상적인, 완벽한

De repente don Quijote se paró. Intentaba levantar con la lanza algo que había en el suelo. Era un cojín y una maleta*. Estaban medio podridos y deshechos. Don Quijote le pidió a Sancho que abriese la maleta.

Sancho la abrió con mucha rapidez. En la maleta había unas camisas, un pañuelo* y unos escudos de oro.

Cuando Sancho los vio, dijo:

—¡Bendito sea todo el cielo, por fin una aventura de provecho!

También encontró un librito de memoria. Don Quijote le pidió el libro y mandó a Sancho que se quedase el dinero.

maleta *f.* 여행 가방, 손가방 | con (mucha) rapidez (매우) 신속하게 | pañuelo *m.* 손수건, 스카프 | por fin 마침내, 결국

CAPÍTULO XXII

Penitencia de don Quijote

◀23 Entraban los dos en lo más escarpado de la montaña cuando Sancho dijo:

—Señor, ¿es buena regla de caballería andar perdidos por estas montañas?

—Cállate, Sancho. En estas montañas haré una hazaña que me dará eterna fama en toda la tierra —dijo don Quijote.

—Y ¿es muy peligrosa? —preguntó Sancho Panza.

—No, todo depende de ti —respondió el de la Triste Figura.

—¿De mí? —dijo Sancho.

regla *f.* 규칙, 규정, 규범, 규율 | eterno/a 영원한, 불변의 | depende de ~에(게) 달려 있는

—Sí, porque si vuelves rápido de donde pienso enviarte, pronto se acabará mi pena y empezará mi gloria —dijo don Quijote—. Sancho, quiero que sepas que el famoso Amadís de Gaula fue el más perfecto* caballero andante. Yo quiero imitarle para alcanzar la perfección* de la orden de caballería. Este caballero mostró su valor cuando, despreciado de la señora Oriana, se retiró a hacer penitencia en la Peña Pobre. Éste es un buen lugar para hacer mi penitencia.

—Pero ¿qué quiere hacer vuestra merced en este lejano lugar? —dijo Sancho.

—Para imitar a Amadís[9] me haré el desesperado —dijo don Quijote.

—Me parece que los caballeros que hacían eso tenían razones. Pero ¿qué causa tiene vuestra merced para volverse loco? —dijo Sancho.

—Ése es mi mérito. Volverse loco con causa es fácil, pero sin motivo tiene más valor —respondió don Quijote—. Loco soy y loco he de estar hasta que vuelvas con la respuesta a una carta que llevarás a Dulcinea.

acabar *tr.* 끝내다, 완수하다 | mostrar *tr.* 보이다, 보여 주다 | perfección *f.* 완전, 완벽, 마무리, 완성 | penitencia *f.* 회개, 고행, 고해 성사 | tener razón (누구의 말이) 옳다, 타당하다, 일리가 있다 | mérito *m.* 가치, 장점 | valor *m.* 가치, 금액, 용기, 용감함

9 Amadís (de Gaula): 아마디스는 통곡과 비탄으로 높은 명성을 얻었다고 알려져 있습니다.

Mientras hablaban llegaron al pie de una montaña. Por allí corría un pequeño arroyo. Todo a su alrededor era verde: árboles silvestres, plantas y flores hacían del lugar un sitio muy agradable*. Aquél fue el sitio que escogió el Caballero de la Triste Figura para hacer su penitencia.

—Sancho, te irás en tres días. Antes quiero que veas lo que hago por Dulcinea para que se lo digas. Voy a rasgar mi ropa, tirar las armas y darme cabezazos por estas peñas —dijo don Quijote.

> se는 '그녀에게'에 해당하는 간접 목적격 대명사인 le가 직접 목적격 대명사에 해당하는 lo와 같이 쓰여 se로 변경된 것입니다.

—Señor, le ruego que piense que han pasado ya los tres días. Yo doy por vistas todas sus locuras y diré maravillas a mi señora—respondió Sancho—. Y ahora escriba la carta para poder irme rápido, porque quiero que salga de este purgatorio.

—Escribiré la carta en el librito que encontramos. Después harás que la copien en buen papel —dijo don Quijote.

—¿Y qué pasará con la firma? —preguntó Sancho.

silvestre 야생의, 들의, 미개의, 원시적인 | agradable 즐거운, 기분 좋은 | rasgar *tr.* 찢다, 산산조각으로 만들다 | purgatorio *m.* 연옥 | copiar *tr.* 복사하다, 베끼다

—No te preocupes. Dulcinea no sabe escribir ni leer. Nunca ha visto una carta mía porque nuestro amor ha sido siempre platónico —respondió don Quijote—. En doce años que la quiero no la he visto más de cuatro veces. Y es posible que ella no lo sepa, pues sus padres la han criado con mucho recato. Sus padres son Lorenzo Corchuelo y Aldonza Nogales.

—¿Que la hija de Lorenzo Corchuelo es la señora Dulcinea del Toboso, llamada también Aldonza Lorenzo? —dijo Sancho.

—Ésa es —dijo don Quijote—. Y merece ser señora de todo el universo.

—Yo la conozco bien. Es una buena moza, de pelo en pecho. Confieso, señor don Quijote, que pensaba que la señora Dulcinea era una princesa —dijo Sancho.

—Pero para lo que yo quiero a Dulcinea del Toboso, vale tanto como la más alta princesa de la tierra —respondió don Quijote—. A mí me basta pensar que Aldonza Lorenzo es hermosa y honesta.

—Tiene toda la razón —respondió Sancho.

merecer *tr.* 칭찬을 받을 만하다, 가치가 있다 | bastar *intr.* (무엇에) 충분하다, 족하다

Don Quijote sacó el libro de memoria y comenzó a escribir la carta.

Cuando acabó, llamó a Sancho para leérsela.

Carta de don Quijote a Dulcinea del Toboso

Soberana y alta señora:*

El herido por vuestra ausencia, dulcísima Dulcinea del Toboso, te envía la salud que no tiene. Si tu hermosura me desprecia, no podré soportar esta pena. Mi buen escudero te contará, ¡oh bella ingrata, amada enemiga mía!, cómo estoy por tu culpa. Si quieres ayudarme, tuyo soy. Si no, haz lo que quieras. Con acabar con mi vida satisfaré tu crueldad y mi deseo.

Tuyo hasta la muerte,

El Caballero de la Triste Figura

—Por la vida de mi padre, es lo mejor que he oído nunca —dijo Sancho después de escuchar la carta.

soberana *f.* 주권자, 군주, 국왕(*m.* soberano) | despreciar *tr.* 경멸하다, 깔보다 | soportar *tr.* 받치다, 떠받치다, 참다, 인내하다

—Escribiré detrás —dijo don Quijote— una cédula* en la que mando a mi sobrina regalarte tres burros.

Después de escribirla, don Quijote se la leyó. Decía así:

Señora sobrina, dará a Sancho Panza, mi escudero, tres de los cinco burros que dejé en casa. Hecha en Sierra Morena, a veintidós de agosto de este presente año.

—Bien está —dijo Sancho—. Ahora ensillaré a Rocinante para irme rápidamente, sin ver las tonterías que vuestra merced hará.

—Al menos —dijo don Quijote— quiero que me veas desnudo y hacer una o dos docenas de locuras.

—Por amor de Dios, señor mío —respondió Sancho—, que no vea yo desnudo a vuestra merced. Me dará mucha lástima y no podré dejar de llorar.

Con mucha prisa, don Quijote se desnudó y empezó a dar saltos. Se puso cabeza abajo y enseñó cosas que Sancho no quiso ver. Ya tenía pruebas para jurar que su señor estaba loco.

cédula *f.* 증명서 | lástima *f.* 불쌍히 여김, 동정, 유감스러움

CAPÍTULO XXIII

Sancho lleva una carta a Dulcinea

◀24 Sancho salió al camino en dirección al Toboso. Iba un tanto confundido* con las tonterías de su señor. Al día siguiente llegó a la venta donde le mantearon.

No quiso entrar. Pero era la hora de comer, así que se acercó a la venta sin saber si entrar o no. Entonces salieron dos personas que lo conocieron. Eran el cura y el barbero de su pueblo.

El uno le dijo al otro:

—Señor licenciado, ¿aquél no es Sancho Panza?

—Sí es —dijo el licenciado.

Los dos se acercaron a Sancho para preguntarle por don Quijote.

El cura le dijo:

—Amigo Sancho Panza, ¿dónde está don Alonso?

confundido/a 혼동스러운, 당황한

Sancho Panza los conoció y decidió ocultar el lugar donde estaba su amo. Les dijo que estaba ocupado y que no les podía decir nada más.

—Sancho Panza, si no nos dices dónde está, imaginaremos que lo habéis matado —dijo el barbero.

—No me amenace. Yo ni robo ni mato a nadie. Mi señor hace penitencia en mitad de esta montaña —respondió Sancho.

Y así les contó todo lo que les pasó. También les dijo que llevaba una carta para la señora Dulcinea del Toboso.

El cura y el barbero quedaron admirados de lo que Sancho Panza les contaba. Le pidieron que les enseñase la carta. Él dijo que iba escrita en un libro de memoria. Y que su señor le pidió que la pasase a limpio en el primer lugar al que llegase. El cura le dijo que se la enseñase y que él la copiaría con buena letra. Sancho metió la mano en el pecho para buscar el libro, pero no lo encontró. No lo podía encontrar porque el libro se quedó con don Quijote.

ocultar *tr.* 감추다, 숨기다, 은닉하다

Cuando Sancho vio que no encontraba el libro, se quedó pálido. Luego, sin más ni más se arrancó la mitad de las barbas y se dio una docena de bofetadas. El cura y el barbero le preguntaron qué le pasaba.

—En un instante he perdido tres burros —respondió Sancho.

—¿Cómo es eso? —replicó el barbero.

—He perdido el libro —respondió Sancho— donde venía la carta para Dulcinea y una cédula para darme tres burros.

El cura lo consoló y le dijo que haría a don Quijote cumplir su palabra. Con esto Sancho se tranquilizó. Además, no le daba pena la pérdida de la carta para Dulcinea, pues la sabía casi de memoria.

—Decidla, Sancho —dijo el barbero—, que después la escribiremos.

Sancho intentó recordar la carta. Unas veces miraba al suelo y otras al cielo para conseguir recordarla. Después de un rato, dijo:

pálido/a 창백한, 핏기가 없는 | en un instante 곧, 즉시 | consolar *tr.* 위로하다, 위안하다

—Señor licenciado, no me acuerdo bien. Al principio decía: «Alta y sobada señora».

—No diría *sobada, sino sobrehumana o soberana* —dijo el barbero.

—Así es —dijo Sancho—. Luego seguía: «el herido besa a vuestra merced las manos, ingrata y muy desconocida hermosa». Y después no sé qué de salud y de enfermedad que le enviaba. Finalmente acababa: «Vuestro hasta la muerte, el Caballero de la Triste Figura».

Al cura y al barbero les hizo mucha gracia la memoria de Sancho. Le pidieron que dijese la carta otras dos veces. Después de comer, el cura pensó un plan para llevar a don Quijote a casa. Le dijo al barbero que se vestiría de doncella y él de escudero. Así irían a buscarlo. El cura fingiría ser una doncella afligida. Le pediría a don Quijote que fuese con ella para deshacer un agravio que un caballero le hizo.

ingrato/a 배은망덕한, 은혜를 모르는

CAPÍTULO XXIV

Burla del cura y el barbero a don Quijote

◀25 No le pareció mal al barbero la idea del cura. Así que la pusieron en práctica. Le pidieron a la ventera una saya y unas tocas. El barbero hizo una gran barba de una cola de buey. La ventera les preguntó para qué querían esas cosas. Y el cura le contó la locura de don Quijote y que el disfraz era para sacarle de la montaña.

Luego, se despidieron todos y se marcharon. Pero el cura pensó que estaba mal que un sacerdote se vistiese de mujer. Así que le pidió al barbero que se cambiasen el disfraz.

Al día siguiente llegaron al lugar donde Sancho había dejado unas ramas para encontrar a su señor. Sancho entró a buscar a don Quijote. Mientras, el cura y el barbero se quedaron a esperarlo cerca de un pequeño arroyo.

Entonces, una triste voz llegó a sus oídos:

poner en práctica 실천에 옮기다 | marcharse 떠나다, 출발하다 | rama *f.* (나무의) 가지

—¡Ay Dios! ¿Será posible que pueda esconderme en este lugar?

Estas palabras oyeron el cura y el barbero, y decidieron buscar a su dueño. Detrás de un peñasco vieron a un mozo vestido de labrador que se lavaba los pies en el arroyo. Sus pies parecían dos pedazos blancos de cristal. Sus piernas parecían de blanco alabastro. Después, se secó los pies y alzó el rostro. Era de una hermosura incomparable. Sus cabellos* eran dorados* como el sol. Entonces descubrieron que el labrador era una mujer delicada. Era la más hermosa que sus ojos habían visto. Se llamaba Dorotea.

Salieron de su escondite para averiguar quién era. Cuando ella los vio, intentó huir, pero cayó al suelo. Fueron a recogerla y el cura le dijo:

—Deteneos, señora, que nuestra intención es la de ayudaros.

pedazo *m.* 조각, 토막, 부스러기 | alzar *tr.* 올리다, 높이다, 들다 | cabello *m.* 머리카락 | dorado/a 금색의 | averiguar *tr.* 조사하다, 캐다, 알다, 확인하다

CAPÍTULO XXV

Princesa Micomicona

26 Entonces oyeron voces y supieron que era Sancho Panza. Salieron a su encuentro y le preguntaron por don Quijote. Sancho les dijo que estaba desnudo, flaco, amarillo y muerto de hambre. Y que suspiraba por su señora Dulcinea.

El cura y el barbero le contaron a Dorotea la idea que tenían para llevar a don Quijote a casa. Dorotea les dijo que ella haría de doncella mejor que el barbero. Además, ella había leído muchos libros de caballerías y sabía bien el estilo de las doncellas desgraciadas. Dorotea sacó un vestido y joyas* para parecer una rica y gran señora.

Sancho preguntó al cura quién era aquella hermosa señora.

—Esta hermosa señora es la princesa Micomicona. Quiere pedir a vuestro señor que mate a un gigante —dijo el cura.

suspirar *intr.* 한숨을 내쉬다, 한탄하다, (+ por) 갈망하다, 그리워하다, 사모하다 | estilo *m.* 양식, 방식, 스타일, 행실 | joya *f.* 보석, 귀금속

Dorotea subió sobre la mula del cura y el barbero se colocó la barba. Dijeron a Sancho que los guiase donde estaba su amo. Poco después lo encontraron entre unas peñas. Estaba vestido, pero no armado. Cuando Dorotea lo vio, fue hacia él y se puso de rodillas. Don Quijote intentaba levantarla, pero ella no quiso levantarse y le dijo:

—De aquí no me levantaré, ¡oh valiente caballero!, hasta que me hagáis un favor.

—No os responderé, hermosa señora, hasta que os levantéis del suelo —respondió don Quijote.

—No me levantaré, señor, si no me hacéis el favor que os pido —respondió la afligida doncella.

—Yo os lo concedo —respondió don Quijote— siempre y cuando no dañe a mi rey ni a aquella que tiene la llave de mi corazón.

Entonces llegó Sancho Panza y le dijo a su señor al oído:

—Señor, concédale el favor que pide la princesa Micomicona.

Sólo es matar a un gigante.

hacer el favor 부탁을 들어주다 | afligido/a 슬픔에 잠긴

Don Quijote se volvió a la doncella y le dijo:

—Hermosa señora, levántese, que yo le otorgo el favor que me pide.

—Le pido que venga conmigo. Prométame que no empezará ninguna aventura hasta vengarme de un traidor que me ha robado mi reino —dijo la doncella.

—Así lo otorgo. Pronto recuperaréis vuestro reino con la ayuda de Dios y de mi brazo —respondió don Quijote—. Y vámonos, que en la tardanza dicen que está el peligro.

Y así, todos empezaron el viaje de vuelta.

otorgar *tr.* 동의하다, 허용하다, 승낙하다 | reino *m.* 왕국, 주

CAPÍTULO XXVI

Respuesta de Dulcinea

27 Mientras caminaban, Dorotea contó su fingida historia: la de buscar un caballero andante para salvar su reino. Así contó que su padre le dijo que este caballero era alto, seco de rostro y con un lunar en el hombro izquierdo.

Al oír esto, don Quijote le dijo a Sancho:

—Sancho, ayúdame a desnudarme. Quiero ver si soy el caballero que aquel sabio rey predijo.

—¿Para qué quiere vuestra merced desnudarse? —dijo Dorotea.

—Para ver si tengo ese lunar que vuestro padre dijo —respondió don Quijote.

—No es necesario —dijo Sancho—. Yo sé que lo tiene.

—Eso es suficiente —dijo Dorotea—. Mi suerte ha sido muy buena. He encontrado al caballero que dijo mi padre. Ahora matará al gigante y, si quiere, podrá casarse conmigo.

lunar *m.* 점 | suficiente 충분한, 족한

—¿Qué te parece, Sancho amigo? —dijo don Quijote—. Ya tenemos reino que mandar y reina con quien casar.

Sancho dio saltos de alegría y besó las manos de Dorotea en señal de que la recibía por reina y señora. Pero, entonces, don Quijote dijo:

—Después de matar al gigante, podréis hacer lo que queráis, princesa. Pues, mientras yo tenga ocupada la memoria y cautiva la voluntad con aquélla…, no me casaré.

A Sancho le pareció muy mal lo que dijo el caballero y, levantando la voz, dijo:

—Señor don Quijote, no tiene vuestra merced sano juicio. ¿Es, por casualidad, más hermosa mi señora Dulcinea? No, ni la mitad. Cásese, cásese y hágame marqués.

Don Quijote, al oír hablar así contra su señora Dulcinea, se enfadó y le golpeó con la lanza. Sancho se colocó detrás de Dorotea y desde allí dijo:

—Cásese con esta reina y después puede volver con mi señora Dulcinea. Sobre la hermosura no me meto porque no he visto nunca a la señora Dulcinea.

—¿Cómo que no la has visto? —dijo don Quijote.

señal *f.* 표, 표시, 신호 | juicio *m.* 판단, 견해, 의견 | por casualidad 우연히, 혹시

—Digo que no la he visto tan despacio —dijo Sancho— para fijarme en su hermosura. Pero, en general, me parece bien.

—Ahora te disculpo —dijo don Quijote—. Por cierto, desde que viniste no he podido preguntarte por lo que pasó con Dulcinea. ¿Dónde, cómo y cuándo la encontraste? ¿Qué hacía? ¿Qué le dijiste?

¿Qué te respondió? ¿Qué cara puso cuando leyó mi carta? ¿Quién te la pasó a limpio?

—Señor, la carta no me la pasó a limpio nadie porque no me la llevé —respondió Sancho.

—Así es, porque el libro lo encontré a los dos días de tu partida —dijo don Quijote.

—Pero yo la memoricé cuando vuestra merced me la leyó. Después se la dije a un cura y me la pasó a limpio —respondió Sancho.

—Todo eso me contenta. Cuéntame más —dijo don Quijote—. ¿Qué hacía aquella reina de la hermosura?

—Limpiaba trigo* en un corral de su casa —respondió Sancho.

fijarse en 주목하다, 주의하다, 시선을 쏟다 | memorizar *tr.* 기억에 남게 하다, 외우다 | trigo *m.* 밀

—Tocados de sus manos, serían granos de perlas. ¿Qué hizo cuando le diste mi carta? —preguntó don Quijote.

—Me dijo que la pusiese sobre un saco. No podía leerla hasta que acabase de cribar —dijo Sancho.

—¡Discreta señora! Eso fue por leerla despacio —dijo don Quijote—. ¿Qué te preguntó de mí?

—Ella no me preguntó nada. Pero yo le dije que vuestra merced hacía penitencia, desnudo, durmiendo en el suelo y sin comer —dijo Sancho.

—No me negarás, Sancho, que huele a perfumes* aromáticos.

—Lo que sé decir —dijo Sancho— es que sentí un olorcillo hombruno que venía de ella. Con el ejercicio, estaba sudada.

—No sería eso —respondió don Quijote—. Te olerías a ti mismo. Yo sé bien a qué huele aquella rosa entre espinas*, aquel lirio del campo. Después de limpiar el trigo, ¿qué hizo cuando leyó la carta?

perla *f.* 진주 | discreto/a 신중한, 조심성이 많은 | perfume *m.* 향수 | sudar *intr.* 땀으로 적시다 | espina *f.* (식물 혹은 생선의) 가시

—La carta no la leyó porque dijo que no sabía leer ni escribir. La rompió para que no la leyera nadie. Dijo que era suficiente lo que yo le conté sobre el amor que vuestra merced le tiene —dijo Sancho—. Finalmente, me dijo que le besase las manos y que estaba deseosa de verlo. También me dijo que salga de estas montañas y vaya al Toboso para verla.

—¿Sabes de qué estoy maravillado*, Sancho? Parece que fuiste y viniste por los aires. Sólo has tardado tres días en ir y venir. Algún encantador amigo mío debió de ayudarte a caminar tan rápido —dijo don Quijote.

Entonces, el barbero dijo que esperasen un poco. Querían parar a comer.

Don Quijote paró. Sancho paró también con mucho gusto. Ya estaba cansado de mentir. Además, temía que don Quijote le descubriese. Porque la verdad es que no había visto a Dulcinea en toda su vida.

maravillado/a 놀란 | con mucho gusto 기꺼이

CAPÍTULO XXVII

Aventura de los cueros de vino

28 Terminaron de comer y continuaron el camino. Al día siguiente llegaron a la venta del manteamiento. Sancho no quería entrar, pero no pudo evitarlo.

La ventera, el ventero, su hija y Maritornes salieron a recibir a don Quijote y a Sancho con mucha alegría. Don Quijote los saludó y les dijo que le preparasen mejor cama que la otra vez. La ventera le dijo que si la pagaba, le darían una cama de príncipe. Don Quijote dijo que sí la pagaría. Así que le prepararon una cama en la misma habitación de la otra vez.

Don Quijote se acostó porque estaba muy cansado. Los demás se quedaron leyendo en voz alta la novela de El curioso impertinente.

Poco después, salió Sancho Panza muy alborotado de la habitación de don Quijote. Decía a voces:

acostarse 눕다, 잠자리에 들다 | en voz alta 큰 소리로

—Señores, corred, ayudad a mi señor. Ha dado una cuchillada al gigante enemigo de la princesa Micomicona. Le ha cortado la cabeza como si fuera un nabo.

Entonces, oyeron mucho ruido en la habitación y don Quijote gritaba:

—¡Espera, ladrón, que aquí te tengo, y no será suficiente tu espada!

Y parecía que daba grandes cuchilladas por las paredes. Sancho dijo:

—No se queden parados, entren a ayudar a mi señor. Aunque no hará falta, porque el gigante ya está muerto. Yo vi correr la sangre por el suelo. Y la cabeza cortada, tan grande como un cuero de vino.

—Seguro que don Quijote, o don diablo —dijo el ventero—, ha dado una cuchillada en algún cuero de vino tinto que hay en la habitación. Y el vino derramado es lo que te parece sangre.

seguro que ~은/는 틀림없다

Entró enseguida en la habitación y vio a don Quijote en camisa. Sus piernas eran muy largas y flacas, llenas de vello y nada limpias. Tenía un gorrito rojo y grasiento en la cabeza. En el brazo izquierdo tenía la manta de la cama y en la derecha la espada. Don Quijote daba cuchilladas a todas partes y decía cosas como si verdaderamente peleara con un gigante. Además, no tenía los ojos abiertos, porque dormía y soñaba que peleaba con el gigante. Dio tantas cuchilladas a los cueros que toda la habitación estaba llena de vino. El ventero se enfadó mucho y comenzó a golpear a don Quijote. Entonces, el barbero trajo un cubo de agua fría y se la echó a don Quijote. Por fin, despertó.

Sancho buscaba la cabeza del gigante y, como no la encontraba, dijo:

—Todo lo que pasa en esta venta es encantamiento. La otra vez me dieron muchos golpes en esta habitación sin saber quién me los daba. Y ahora no aparece la cabeza que yo vi cortar con mis propios ojos. Además, salía sangre como de una fuente.

flaco/a 여윈, 살이 빠진 | fuente *f.* 샘, 분수

—¿Qué sangre, enemigo de Dios? ¿No ves que la sangre es el vino tinto que estaba en los cueros? —dijo el ventero.

El cura cogió a don Quijote de las manos. Don Quijote creyó que la aventura había acabado. Así que se puso de rodillas delante del cura y dijo:

—Alta y famosa señora, ya puede vivir segura. Y yo también, pues ya he cumplido con el favor que me pidió.

Todos, menos el ventero, se reían con los disparates de amo y escudero. El barbero y el cura consiguieron meter a don Quijote en la cama. Volvió a dormirse porque estaba muy cansado. Luego fueron a terminar la lectura de la novela.

conseguir *tr.* 달성하다, 얻다, ~하는 것이 가능하다

CAPÍTULO XXVIII

Baciyelmo

◀29 Mientras estaban todos en la venta, llegaron muchos viajeros a ella. Entre ellos, vino el barbero de la bacía. Reconoció a Sancho y le dijo:

—¡Ah, don ladrón! ¡Devuélveme mi bacía!

Sancho le dio un golpe al barbero y la boca se le llenó de sangre.

El barbero seguía gritando y llamando ladrón a Sancho.

—Mentís —respondió Sancho—. Mi señor ganó esta bacía justamente.

Al oír los gritos, salieron todos lo que estaban en la venta. Don Quijote decía que la bacía era el yelmo de Mambrino y el barbero que era una bacía.

—Sancho, muestra el yelmo —dijo don Quijote.

Sancho cogió la bacía y se la dio a su amo.

—Miren todos el yelmo de Mambrino —dijo don Quijote.

Entre todos los presentes se formó un tribunal para decidir si la bacía era un yelmo o no. No se ponían de acuerdo y, al final, acabaron peleándose todos. De repente, don Quijote gritó:

—¡Parad todos! ¡Oídme si queréis conservar la vida!

Todos pararon y el hidalgo dijo:

—Este castillo está encantado, por eso nos peleamos. Pero está mal que gente importante pelee por tonterías.

Finalmente, todos se tranquilizaron e hicieron las paces. Sancho Panza, harto* de tantos desvaríos, puso el nombre de baciyelmo al objeto.

tribunal *m.* 재판소, 법정 | harto/a 물린, 싫증이 난 | poner el nombre de ... ~(이)라고 이름 붙이다

CAPÍTULO XXIX

Enjaulamiento de don Quijote

◀30 Dos días después, decidieron seguir su camino. El cura y el barbero inventaron un plan para llevar a don Quijote a su casa. Hicieron una jaula y contrataron a un carretero de bueyes para llevar a don Quijote enjaulado.

Se disfrazaron y entraron en silencio a la habitación donde dormía el hidalgo. Le ataron las manos y los pies. Cuando despertó, no pudo moverse y se sorprendió mucho. Creyó que eran fantasmas de aquel castillo encantado. También pensó que él estaba encantado porque no se podía mover ni defender. Sancho, aunque empezaba a tener la enfermedad de su amo, reconoció a los secuestradores. Pero no dijo nada hasta ver qué pasaba. Los demás trajeron la jaula y encerraron a don Quijote dentro. Luego cogieron la jaula y salieron de la habitación.

Entonces, el barbero dijo con una voz que daba miedo:

disfrazarse 변장하다, 가장하다 | reconocer *tr.* 자세히 조사하다, 인지하다

—¡Oh Caballero de la Triste Figura! No sufras por la prisión en la que vas. Se necesita para acabar rápido esta aventura.

Luego, cogieron la jaula y la pusieron en el carro de los bueyes.

Cuando don Quijote se vio enjaulado y encima del carro, dijo:

—He leído muchas historias de caballeros andantes. Pero nunca he oído que a los caballeros encantados los lleven así. Quizá la caballería y los encantamientos de esta época son diferentes a los antiguos. ¿Tú que crees, Sancho, hijo?

—No lo sé, porque no soy un experto* en esas historias. Pero yo creo que estos fantasmas no son muy católicos —respondió Sancho.

—¿Católicos? ¿Cómo van a ser católicos si son demonios? Tócalos y verás como no tienen cuerpo —respondió don Quijote.

—Por Dios, ya los he tocado y este diablo está bien gordito. Además, dicen que los demonios huelen a azufre, pero éste huele a ámbar —dijo Sancho.

sufrir *tr.* 괴로워하다, 고뇌하다 | época *f.* 시대, 시기 | experto *m.* 전문가(*f.* experta) | demonio *m.* 악마, 나쁜 사람

Don Quijote iba sentado en la jaula. Estaba arrimado a los barrotes. Como no se movía, parecía una estatua* de piedra. Así comenzaron el camino de vuelta a casa.

Un rato después, llegaron a un valle y pararon a descansar.

Entonces, Sancho se acercó a la jaula donde iba su amo y le dijo:

—Señor, estos dos que llevan cubierta la cara son el cura y el barbero de nuestro pueblo. Imagino que le han enjaulado porque tienen envidia* de sus famosos hechos. Yo creo que no está encantado. Como prueba, le quiero preguntar una cosa. Ya verá como no va encantado, sino engañado.

—Pregunta lo que quieras, Sancho, que yo te responderé —dijo don Quijote—. Pero ésos que dices que son el cura y el barbero, te equivocas. Puede parecerlo, pero no lo son de ninguna manera. Los que me han encantado habrán tomado esa apariencia para confundirte.

estatua *f.* 상, 조각상 | valle *m.* 계곡, 분지 | envidia *f.* 선망, 시샘, 경쟁 | de ninguna manera 결코 ~이/가 아닌 | apariencia *f.* 용모, 외관, 외모

—¿Es posible que sea vuestra merced tan duro de cerebro? Es verdad lo que le digo. Se lo voy a demostrar. Quiero saber si desde que está enjaulado ha tenido ganas de hacer aguas mayores o menores —replicó Sancho.

—Muchas veces, incluso ahora —respondió don Quijote.

—¡Ah, lo ve! —dijo Sancho—. Se dice que cuando una persona está encantada ni come, ni bebe, ni duerme. Por tanto, los que no comen, ni beben, ni duermen no hacen las obras naturales que yo digo, porque están encantados. Pero los que tienen gana como vuestra merced, y beben y comen y responden a las preguntas no están encantados.

los que no comen에서 los는 불특정 다수를 지칭합니다.

—Dices la verdad, Sancho. Pero ya te he dicho que hay muchos tipos de encantamientos —respondió don Quijote.

—Pruebe a salir de esta cárcel y a subir sobre Rocinante. Iremos a buscar más aventuras. Y si no es posible, siempre hay tiempo para volver a la jaula. Le prometo que me encerraré con vuestra merced si no tengo razón —replicó Sancho.

—Me parece bien lo que dices, Sancho hermano —replicó don Quijote—. Pero verás como te engañas.

Sancho rogó al cura que dejasen salir a su señor de la jaula. Así podría hacer sus necesidades. Al cura le pareció bien, pero le preocupaba que don Quijote se escapase.

—Yo me hago responsable —respondió Sancho.

—Además, el que está encantado como yo no tiene libertad para hacer lo que quiera —respondió don Quijote.

Decidieron sacarle de la jaula y dejarle libre un rato. Y don Quijote se alegró mucho.

responsable 책임이 있는, 책임을 져야 할

CAPÍTULO XXX

Aventura de los disciplinantes

◀31 Aquel año no llovía. Así que en todos los pueblos hacían procesiones para rogar a Dios que lloviese. La gente de un pueblo cercano iba en procesión a una ermita que estaba en el valle. Don Quijote vio los extraños trajes de los disciplinantes e imaginó que era una aventura. Además, llevaban una imagen de luto y don Quijote pensó que era una señora secuestrada por unos demonios. Subió sobre Rocinante, pidió a Sancho su espada y dijo:

—Valerosa compañía, veréis lo importante que son los caballeros andantes en el mundo. Voy a liberar a aquella buena señora que va cautiva.

Y, a todo galope, fue hacia la procesión.

—¿Adónde va, señor don Quijote? —dijo Sancho—. ¿Qué demonios tiene en el pecho que le hacen ir contra nuestra fe católica? Aquello es una procesión y aquella señora es la imagen de la Virgen.

extraño/a 기묘한, 이상한 | traje *m.* 옷, 의복, 양복 | procesión *f.* 행렬, 열

Don Quijote iba tan obsesionado por liberar a la señora que no oyó palabra. Llegó a la procesión, paró a Rocinante y dijo con voz ronca*:

—Vosotros que cubrís vuestros rostros, escuchadme.

Los disciplinantes se detuvieron y uno de los clérigos dijo:

—Señor hermano, si nos quiere decir algo, dígalo rápido.

—Dejad libre a esta hermosa señora. Sus lágrimas y su triste rostro son claras muestras de que va contra su voluntad —dijo don Quijote.

Por estas palabras, todos entendieron que estaba loco y empezaron a reírse. Don Quijote se enfadó mucho. Sacó la espada y fue hacia los que llevaban la imagen. Uno de ellos dejó la carga y cogió un bastón* para atacar al hidalgo. Don Quijote lo partió por la mitad. Pero el disciplinante le golpeó con uno de los trozos y don Quijote cayó al suelo muy malherido.

Sancho Panza corrió a buscar a su amo gritando:

—No le den otro palo, porque es un caballero encantado y no ha hecho mal a nadie en toda su vida.

obsesionar *tr.* 강박 관념에 사로잡히다 | ronco/a 목쉰, 목이 잠긴, 걸걸한 | bastón *m.* 단장, 지팡이 | trozo *m.* 조각, 단편

El disciplinante paró porque don Quijote no movía ni pie ni mano. Como creyó que le había matado, huyó por el campo muy deprisa. Sancho lloraba sobre el cuerpo de su señor porque también creía que estaba muerto. Con lágrimas en los ojos, decía:

—¡Oh flor de la caballería, con solo un garrotazo acabaste con la carrera de tus años! ¡Oh honor y gloria de toda la Mancha y de todo el mundo!

Con las voces y gemidos de Sancho revivió don Quijote, y la primera palabra que dijo fue:

—El que de vos vive ausente, dulcísima Dulcinea, está sujeto a mayores miserias que éstas. Ayúdame, Sancho amigo, a ponerme en el carro encantado. Tengo el hombro hecho pedazos.

—Eso haré de muy buena gana, señor mío. Volvamos a la aldea y allí prepararemos otra salida de más provecho y fama —respondió Sancho.

—Bien dices, Sancho —respondió don Quijote.

revivir *intr.* 되살아나다, 다시 일어나다 | provecho *m.* 유용, 유익, 쓸모가 있음

CAPÍTULO XXXI

Don Quijote vuelve a casa

◀32 El carretero preparó el carro y colocó a don Quijote en la jaula. Después siguieron el camino a casa. A los seis días llegaron a la aldea de don Quijote.

Era domingo y estaba la gente en la plaza. Todos fueron a ver lo que había en el carro. Se quedaron asombrados cuando vieron a don Quijote dentro. Un muchacho corrió a avisar a la criada y a la sobrina de don Quijote. Las dos empezaron a gritar y a maldecir los libros de caballerías cuando vieron entrar a don Quijote. También fue la mujer de Sancho Panza. Lo primero que le preguntó fue si estaba bien el burro. Sancho le dijo que estaba mejor que su amo.

—Gracias, Dios mío. Pero cuéntame. ¿Qué has ganado? ¿Traes vestidos o zapatos? —replicó ella.

—No traigo nada de eso, mujer mía, pero traigo otras cosas más importantes —dijo Sancho.

traer *tr.* 가져오다, 가지고 오다

Mientras Sancho Panza y su mujer, Juana Panza, tenían esta conversación, la criada y la sobrina de don Quijote lo desnudaron y lo metieron en su antigua cama.

Don Quijote no sabía dónde estaba. El cura le dijo a la sobrina que cuidase mucho a su tío y que estuviera atenta para que no se escapase de nuevo.

La fama ha guardado en las leyendas de la Mancha que don Quijote salió de su casa por tercera vez. Se dice que fue a Zaragoza para participar en unas famosas justas.

ANEXO
부록

ACTIVIDADES 연습 문제

SOLUCIONARIO 정답

TRADUCCIONES 본문 번역

ACTIVIDADES

연습 문제

1 Responde a las siguientes cuestiones.

다음 질문에 답하세요.

(1) ¿Cuál es el verdadero nombre de don Quijote?

(2) ¿Qué es un caballero andante?

(3) ¿Quién es Rocinante?

(4) ¿Quién es realmente Dulcinea del Toboso?

(5) ¿Cuál era la mayor preocupación de don Quijote la primera vez que salió de su pueblo?

(6) ¿En qué consiste «velar las armas»?

(7) ¿Qué hicieron los amigos de don Quijote para curar su locura?

(8) ¿Quién era el compañero de don Quijote en su segunda salida?

(9) ¿Qué le prometió don Quijote a Sancho Panza como recompensa por ser su escudero?

(10) ¿Con qué confundió don Quijote los molinos de viento?

(11) ¿Quién es Cide Hamete Benengeli?

(12) ¿Para qué sirve el bálsamo de Fierabrás?

(13) ¿Por qué confunde don Quijote todo lo que ve?

(14) ¿Por qué don Quijote cree que los rebaños son ejércitos?

(15) ¿Por qué Rocinante no podía moverse durante la aventura de los batanes?

(16) ¿Qué es el yelmo de Mambrino?

(17) ¿Dónde iban los galeotes? ¿Por qué?

(18) ¿Por qué hace don Quijote penitencia?

(19) ¿Qué pasó con la carta a Dulcinea?

(20) ¿Qué le pide la princesa Micomicona a don Quijote?

2 ¿Verdadero o falso?

다음의 문장을 읽고 참(V)인지 거짓(F)인지 답하세요.

(1) Alonso Quijano vivía con su hermana y una criada.

(2) Alonso Quijano era muy aficionado a la caza.

(3) La armadura de don Quijote se la prestaron unos amigos.

(4) Don Quijote creyó que el sabio Frestón robó su biblioteca.

(5) Sancho Panza acompañó a don Quijote a pie durante su segunda salida.

(6) Maritornes era la hija del ventero.

(7) Los galeotes le agradecieron a don Quijote su liberación.

(8) Aldonza Lorenzo no sabía leer ni escribir.

(9) Sancho Panza vio muchas veces a Dulcinea del Toboso.

(10) Don Quijote y Sancho Panza regresaron a su casa un domingo.

3 Lee el siguiente texto y subraya las ideas principales.

다음을 읽고 주요(핵심) 개념에 밑줄을 쳐 보세요.

Pasaron quince días en los que el hidalgo estuvo tranquilo. En este tiempo, don Quijote pidió a un labrador vecino suyo que fuese su escudero. Era un hombre de bien —si es que este título se puede dar al que es pobre—, pero de muy poca sal en la mollera. Le prometió que le haría gobernador de una ínsula. Y con ello y otras cosas, Sancho Panza, que así se llamaba el hombre, dejó a su mujer e hijos y se hizo escudero de su vecino.

4 Relaciona cada palabra o expresión con su definición.

단어를 해당하는 뜻과 연결하세요.

Nº	Palabra/expresión
(1)	A todo galope
(2)	Arriero
(3)	Rebaño
(4)	Cuero de vino
(5)	Venta
(6)	Galeras
(7)	Sueldo
(8)	Escudero
(9)	Seguir la corriente

Opción	Definición
ⓐ	Mozo de compañía al servicio de un señor.
ⓑ	Dar la razón.
ⓒ	Posada que estaba cerca de un camino.
ⓓ	Muy rápido, corriendo.
ⓔ	Conjunto de animales.
ⓕ	Persona que transporta mercancías uilizando animales de carga.
ⓖ	Barco con velas y remos donde solían remar los condenados.
ⓗ	Recipiente hecho con piel de animal que sirve para guardar vino.
ⓘ	Salario que recibe una persona por su trabajo.

5 Tacha la palabra que no guarde relación con el significado de las demás.

다음 단어들과 의미가 다른 단어를 골라 줄을 그어 표시하세요.

(1) Escudo, armadura, molino, lanza, casco.

(2) Bofetada, bellaco, cuchillada, cabezazo, garrotazo.

(3) Encantador, encatamiento, mágico, endiablado, candil.

(4) Cocido, lentejas, torreznos, bacalao, azufre.

(5) Biblioteca, libro, cuadrillero, cartapacio, novela.

6 Agrupa las palabras listadas a continuación con cada una de las siguientes categorías.
다음 단어들을 아래 표에 분류한 해당 영역에 쓰세요.

Alcaide, avellanado, barbero, bisabuelo, bizco, brazo, buey, burro, carretero, clérigo, costilla, cuadrillero, flaco, gordito, hermano, hijo, hombro, mano, mula, oveja, padre, palomino, pierna, sobrina, tuerta.

Familia	Partes del cuerpo	Oficios	Animales	Características físcas

7 Completa los textos siguientes con las expresiones que aparecen en el recuardro.
빈칸에 적당한 단어를 골라 넣으세요.

(1)

criada / nombre / lugar / hace / vivía

En un ________ de la Mancha, de cuyo ________ no quiero acordarme, no ________ mucho tiempo ________ un hidalgo. Vivían con él su sobrina y una ________

(2)

mozas / oración / discreción / libro / espada pidió / ventero / ciñese

Al día siguiente, el ________ se acercó a don Quijote con un ________ de cuentas. Iba acompañado de un muchacho y de las dos ________ El ventero ________ a don Quijote que se arrodillase. Mientras fingía decir una ________, dio dos golpes a don Quijote con la ________ Luego ordenó a una de las damas que le ________ la espada, lo que hizo con mucha ________ sin reírse.

(3)

más / amor / leer / años / carta / ella / padres

No te preocupes. Dulcinea no sabe escribir ni ________. Nunca ha visto una ________ mía porque nuestro ________ ha sido siempre platónico —respondió don Quijote—. En doce ________ que la quiero no la he visto ________ de cuatro veces. Y es posible que ________ no lo sepa, pues sus ________ la han criado con mucho recato.

8 **Relaciona cada palabra de la columna izquierda con los sinónimos y antónimos que le correspondan en la columna derecha.**

왼쪽에 있는 단어의 유의어와 반의어를 오른쪽에서 찾으세요.

Lista de palabras	Sinónimos y antónimos
hermosura, caritativa, ínsula, desventura, alabar, melancólico, cobrade, desleal, disparate	generosa, desgracia, belleza, triste, valiente, traidor, insultar, desvarío, fealdad, isla, alegre, egoísta, suerte, elogiar, leal, acierto

1 (1) Alonso Quijano.

(2) El protagonista de los libros de caballerías. Andaba por el mundo buscando aventuras y solía luchar contra gigantes y pelear con otros caballeros.

(3) El caballo de don Quijote.

(4) Una labradora llamada Aldonza Lorenzo.

(5) Que no había sido armado caballero andante.

(6) En que los soldados vigilan sus armas durante la noche.

(7) Quemaron los libros de Alonso Quijano y tapiaron la biblioteca.

(8) Sancho Panza.

(9) El gobierno de una ínsula.

(10) Con gigantes.

(11) El autor imaginario de la supuesta versión original del Quijote, en árabe, inventado por Cervantes para imitar burlescamente la tradición caballeresca.

(12) Para curar las heridas que los caballeros andantes sufren en las batallas.

(13) Porque su imaginación está llena de las fantasías que ha leído en los libros de caballerías.

(14) Porque no puede verlos por el polvo que levantan.

(15) Porque Sancho Panza le ató las patas.

(16) La bacía de un barbero.

(17) A cumplir condena en las galeras del rey, por haber cometido delitos.

(18) Para imitar a Amadís de Gaula.

(19) Que Sancho olvidó cogerla y nunca se la entregó a Dulcinea.

(20) Que le acompañe a su reino para matar a un gigante.

• 문제 및 정답 번역

(1) 돈 키호테의 진짜 이름은 무엇인가요?
▶알론소 키하노

(2) 편력 기사란 무엇인가요? ▶기사 소설의 주인공으로, 모험을 찾아 전 세계를 돌아다니며 거인들과 싸우며 다른 기사들과 싸웁니다.

(3) 로시난테는 누구인가요? ▶돈 키호테의 말

(4) 진짜 둘시네아 델 토보소는 누구인가요?
▶알돈사 로렌소라는 농부

(5) 마을을 처음으로 나섰을 때 돈 키호테의 가장 큰 걱정은 무엇이었나요?
▶그가 무장한 편력 기사가 아니라는 점

(6) '무기를 밤새 지키다'는 것은 어떻게 하는 것인가요?
▶군인들이 밤새 자신의 무기를 감시하고 있는 것입니다.

(7) 돈 키호테의 광기를 고치기 위해서 그의 친구들은 어떻게 했나요?
▶알론소 키하노의 책을 모두 불태우고 도서관을 막아 버렸습니다.

(8) 두 번째 출정에서 돈 키호테의 동반자는 누구인가요? ▶산초 판사

(9) 돈 키호테는 종자가 되는 대가로 산초 판사에게 무엇을 약속했나요?
▶섬의 군주로 삼겠노라고 약속했습니다.

(10) 돈 키호테는 풍차를 무엇으로 혼동했나요?
▶거인이라고 혼동했습니다.

(11) 시데 하메테 베넹헬리는 누구인가요?
▶세르반테스가 기사의 전통을 조롱하고자 만들어 낸 허구의 아랍인 작가로, 돈 키호테의 원본을 만들었다고 여겨지는 사람입니다.

(12) 피에라브라스 향유는 무엇에 쓰나요?
▶싸움에서 부상당한 편련 기사의 상처를 치료하는 데 사용합니다.

(13) 돈 키호테는 왜 보는 모든 것들을 혼동하나요?
▶자신이 읽은 기사 소설의 망상에 사로잡혀 있기 때문입니다.

(14) 왜 돈 키호테는 양 떼들을 군대라고 생각하나요?
▶양 떼가 일으킨 먼지 바람 때문에 양 떼를 보지 못했기 때문입니다.

(15) 왜 로시난테는 빨래 방망이 모험에서 움직일 수 없었나요? ▶산초 판사가 로시난테의 다리를 묶었기 때문입니다.

(16) 맘브리노의 투구는 무엇인가요? ▶이발사의 대야

(17) 갤리선 죄수들은 어디를 가고 있었나요? 왜인가요?
▶범죄를 저질러 왕의 갤리선에서 형을 살러 가고 있었습니다.

(18) 왜 돈 키호테는 고행을 하나요?
▶아마디스 데 가울라를 따라 하려고

(19) 둘시네아에게 보내는 편지가 무슨 일이 벌어졌나요? ▶산초 판사가 편지 가져가는 것을 잊어버려 둘시네아에게 전해 주지 못했습니다.

(20) 미코미코나 공주가 돈 키호테에게 무엇을 요청하나요? ▶돈 키호테에게 거인을 없애러 자신의 왕국에 같이 갈 것을 요청했습니다.

2 (1) Falso.
(2) Verdadero.
(3) Falso.
(4) Verdadero.
(5) Falso.
(6) Falso.
(7) Falso.
(8) Verdadero.
(9) Falso.
(10) Verdadero.

• 문제 및 정답 번역

(1) 알론소 키하노는 그의 누이와 하녀와 같이 살고 있었다. ▶거짓
(2) 알론소 키하노는 사냥을 아주 좋아한다. ▶참
(3) 돈 키호테의 갑옷은 친구들이 그에게 빌려준 것이다. ▶거짓
(4) 돈 키호테는 현자 프레스톤이 자신의 장서를 훔쳤다고 생각했다. ▶참
(5) 산초 판사는 돈 키호테의 두 번째 출정에서 걸어서 그와 같이 갔다. ▶거짓
(6) 마리토르네스는 주막집 주인의 딸이었다. ▶거짓
(7) 갤리선 죄수들은 돈 키호테에게 석방에 대해서 고마워했다. ▶거짓
(8) 알돈사 로렌소는 글을 읽을 줄도 쓸 줄도 몰랐다. ▶참
(9) 산초 판사는 둘시네아 델 토보소를 여러 번 보았다. ▶거짓
(10) 돈 키호테와 산초 판사는 일요일에 집에 돌아갔다. ▶참

3 Pasaron quince días en los que el hidalgo estuvo tranquilo. En este tiempo, don Quijote pidió a un labrador vecino suyo que fuese su escudero. Era un hombre de bien —si es que este título se puede dar al que es pobre—, pero de muy poca sal en la mollera. Le prometió que le haría gobernador de una ínsula. Y con ello y otras cosas, Sancho Panza, que así se llamaba el hombre, dejó a su mujer e hijos y se hizo escudero de su vecino.

• 문제 및 정답 번역

보름이 지나는 동안 그 이달고는 조용히 있었다. 그때 돈 키호테는 한 이웃 농부에게 자기의 종자가 되어 달라고 부탁했다. 그는 선한 사람이지만-이러한 명칭을 가난한 사람에게 부를 수 있다면 말이다-, 머릿속에 재치라고는 거의 없는 자였다. 그에게 섬의 통치자가 되게 해 주겠다고 약속을 했다. 그것과 또 다른 것으로 인해 산초 판사는, 사람들은 그를 그렇게 불렀다, 아내와 자식들을 두고 이웃 사람의 종자가 되었다.

4 (1) ⓓ (2) ⓕ (3) ⓔ
(4) ⓗ (5) ⓒ (6) ⓖ
(7) ⓘ (8) ⓐ (9) ⓑ

• 문제 및 정답 번역

(1) 전속력으로 ▶ⓓ 매우 빨리, 뛰면서
(2) 마부 ▶ⓕ 짐 나르는 동물을 이용하여 상품을 나르는 사람
(3) 가축 떼 ▶ⓔ 동물의 집단
(4) 포도주 가죽 부대 ▶ⓗ 포도주를 보관하기 위해 동물 가죽으로 만든 용기
(5) 주막 ▶ⓒ 길가에 있는 객줏집
(6) 갤리선 ▶ⓖ 수형자들이 젓던 노와 돛이 있는 배
(7) 급료 ▶ⓘ 사람이 일을 하고 받는 봉급
(8) 종자 ▶ⓐ 주인을 모시고 다니는 사람
(9) 시류를 따르다 ▶ⓑ 옳다고 인정하다

5 (1) escudo, armadura, molino, lanza, casco.

(2) bofetada, bellaco, cuchillada, cabezazo, garrotazo.

(3) encantador, encatamiento, mágico, endiablado, candil.

(4) cocido, lentejas, torreznos, bacalao, azufre.

(5) biblioteca, libro, cuadrillero, cartapacio, novela.

• **문제 및 정답 번역**

(1) 방패, 갑옷, 풍차, 창, 투구

(2) 뺨 때리기, 마음씨 나쁜, 칼로 치기, 머리로 받기, 몽둥이로 때리기

(3) 마법사, 주문, 마법의, 악마가 씐, 기름 등잔

(4) 삶은 요리, 렌즈콩, 돼지고기 음식, 대구, 유황

(5) 도서관, 책, 도당 일원, 공책, 소설

6

Familia	Bisabuelo, Hermano, Hijo, Padre, Sobrina
Partes del cuerpo	Brazo, Costilla, Hombro, Mano, Pierna
Oficios	Alcaide, Barbero, Carretero, Clérigo, Cuadrillero
Animales	Buey, Burro, Mula, Oveja, Palomino
Caracteristicas fisicas	Avellanado, Bizco, Flaco, Gordito, Tuerta

• **문제 및 정답 번역**

가족	증조부, 형제, 아들, 아버지, 조카
신체	팔, 갈비뼈, 어깨, 손, 다리
직업	성주, 이발사, 마부, 성직자, 도당 일원
동물	소, 당나귀, 노새, 양, 들비둘기
신체 특징	담갈색 피부의, 사시 눈의, 마른, 뚱뚱한, 외눈의

7 (1) En un lugar de la Mancha, de cuyo nombre no quiero acordarme, no hace mucho tiempo vivía un hidalgo. Vivían con él su sobrina y una criada.

(2) Al día siguiente, el ventero se acercó a don Quijote con un libro de cuentas. Iba acompañado de un muchacho y de las dos mozas. El ventero pidió a don Quijote que se arrodillase. Mientras fingía decir una oración, dio dos golpes a don Quijote con la espada. Luego ordenó a una de las damas que le ciñese la espada, lo que hizo con mucha discreción sin reírse.

(3) No te preocupes. Dulcinea no sabe escribir ni leer. Nunca ha visto una carta mía porque nuestro amor ha sido siempre platónico – respondió don Quijote –.En doce años que la quiero no la he visto más de cuatro veces. Y es posible que ella no lo sepa, pues sus padres la han criado con mucho recato.

• **문제 및 정답 번역**

(1) 라 만차의 한 마을에, 그 이름은 기억하고 싶지 않은데, 아주 오래전은 아닌 시절에 한 이달고가 살고 있었다. 조카와 하녀가 그와 함께 살고 있었다.

(2) 다음 날, 주막집 주인은 회계 장부를 들고 돈 키호테에게 다가갔다. 한 소년과 그 두 여자가 같이 갔다. 주막집 주인은 돈 키호테에게 무릎을 꿇으라고 했다. 기도를 하는 척하고 속이면서, 칼을 가지고 돈 키호테를 두 번 내리쳤다. 그리고 두 여자 중 하나에게 명령하여 그에게 칼을 동여매게 했고 그녀는 웃지 않고 아주 조심스럽게 그렇게 했다.

(3) "걱정하지 마라. 둘시네아는 글을 쓸 줄도 읽을 줄도 모른다. 그녀는 내 편지를 한 번도 본 적이 없다. 왜냐하면 우리의 사랑은 항상 정신적인(플라토닉) 것이었기 때문이다." 돈 키호테가 대답했다. "그녀를 사랑하는 12년 동안 나는 그녀를 네 번밖에 못 보았다. 게다가 그녀는 그걸 알지 못할 수도 있지. 그녀의 부모님이 그녀를 매우 얌전하게 키웠거든."

8

Palabra	Sinónimos	Antónimos
hermosura	belleza	fealdad
caritativa	generosa	egoísta
ínsula	isla	–
desventura	desgracia	suerte
alabar	elogiar	insultar
melancólico	triste	alegre
cobarde	–	valiente
desleal	traidor	leal
disparate	desvarío	acierto

• 문제 및 정답 번역

단어	유의어	반의어
아름다움	미, 아름다움	추악함
자비심이 많은	너그러운	이기적인
섬	섬	–
불운	불운, 불행	운, 행운
칭찬하다	극구 칭찬하다	모욕하다
우울한	슬픔에 잠긴	기쁜
겁이 많은	–	용감한
불성실한, 충성심 없는	배신한	충실한
상식에서 벗어난 말	헛소리	올바른 판단, 적중

기발한 이달고
돈 키호테 데 라 만차 1

Página 13

서문

친애하는 독자여: 나는 이 책이 상상 이상으로 재미있고 아름다운 책이 되었으면 좋겠습니다. 하지만, 나의 이 부족한 재능을 가지고, 정신 나간 생각이 가득 찬 삐쩍 마른 아들의 이야기가 아니면 무슨 말을 만들어 내겠습니까? 아버지처럼 보이지만 나는 돈 키호테의 양아버지로, 친애하는 독자여, 당신이 그의 잘못들을 용서하기를 바라지는 않습니다. 그러므로 당신은 이 이야기에 대해 마음껏 말할 수 있을 겁니다.

나는 당신에게 수식이나 서문 없이 이야기를 전하고 싶습니다. 왜냐하면 나에게는 이야기보다 서문을 쓰는 것이 더 어렵기 때문입니다. 나는 서문을 쓰기 위해 여러 번 펜을 들었지만 수차례 그것을 놓아 버렸습니다. 어느 날, 그것에 대해 생각하고 있던 차에 한 친구가 내게 무슨 일이 있냐고 물었습니다.

-난 다른 책들에 있는 여백에서처럼 많은 지식이나 주석 없이 서문을 어찌 쓸지 모르겠네. 다른 작가가 부족한 것을 장식할 때까지 돈 키호테가 만차의 고문서 속에 묻혀 있는 게 더 나을지 몰라.

이 말을 듣고 내 친구는 웃음을 터뜨리며 내게 말했습니다.

Página 14

-이 책에는 철학자나 시인의 주석이나 격언이 필요 없네. 자네의 이야기가 우울한 사람을 웃게 하고 온순한 사람을 화나게 하지 않도록만 하게. 신중한 자가 그 이야기를 찬양하고 진지한 자가 그걸 무시하지 않게, 그리고 현명한 자가 그것을 칭찬하게 말이야.

나는 친구가 말하는 것을 잠자코 들었습니다. 그리고, 그의 말에 동의하고 이 서문을 썼습니다. 독자여, 그러니 당신은 이 유명하고 애정이 있으며 용기 있는 돈 키호테 데 라 만차의 진지하고도 소박한 이야기를 만날 수 있을 것입니다. 이러한 인물을 당신에게 소개한다고 내게 고마워하지 말기를. 대신에 기사 이야기에 나오는 종자로서 모든 재미를 갖고 있는 그 유명한 산초 판사를 당신에게 보여 주었다는 것을 내게 고마워하십시오.

그럼 이만, 여러분에게 신의 가호가 있기를, 그리고 나를 잊지 말기를 바라며.

안녕.

Página 15

제1장
돈 키호테 데 라 만차

라 만차의 한 마을에, 그 이름은 기억하고 싶지 않은데, 아주 오래전은 아닌 시절에 한 이달고가 살고 있었다. 조카와 하녀가 그와 함께 살고 있었다. 우리의 이달고는 밤에는 소고기, 잘게 다진 고기 꼬시도를 먹었고, 토요일에는 튀긴 돼지고기와 달걀을, 금요일에는 렌즈콩을, 일요일에는 새끼 들비둘기를 먹곤 했다. 그는 약 쉰 살로 이름은 알론소 키하노였다. 그는 매우 말랐고 아주 일찍 기상을 했으며, 사냥을 좋아했다. 그는 재산이라고는 거의 없었다. 돈 알론소는 끊임없이 기사도에 관한 책들을 읽었다. 그는 그것들이 사냥이나 재산을 관리하는 것을 잊을 정도로 너무 좋았다. 기사도에 관한 책을 사기 위해서 많은 땅을 팔았다. 쉬지 않고 책을 읽으면서 밤낮을 보냈다. 이렇게 거의 자지 않고 많은 책을 읽다 보니 머리가 돌아 결국 미쳐 버렸다.

Página 16

그의 상상력은 그가 읽었던 모든 공상적인 이야기들로 꽉 차 버렸다. 그는 그 책들이 말하는 모든 것들이 사실이라고 믿었다. 벨리아니스, 아마디스, 팔메린과 또 다른 기사들이 실제로 존재했다고 생각했다.

어느 날 돈 알론소는 세상에서 가장 엉뚱한 생각을 했다. 편력 기사가 되어 책 속에서의 영웅처럼 행동하고 싶었다. 그렇게 그는 모험을 찾아 나서고 부정한 것을 부수기로 결심했다.

첫째로 자기의 증조할아버지의 오래된 갑옷을 손질했다. 그러고 나서 말을 보러 갔는데 말은 늙고 여위기는 했지만 그가 보기에는 바로 그 바비에카보다 더 나아 보였다. 그 후 말에 붙일 이름을 찾아보며 나흘을 보냈다. 편력 기사들의 말들은 이름이 유명한 만큼 이름은 꼭 필요했다. 오랜 생각 끝에 그것을 로시난테로 부르기로 했다.

이어 자기 자신에게도 이름을 하나 찾아보았다. 그것을 찾아내기까지 팔 일이 걸렸다. 드디어 이름을 '돈 키호테'라고 했다. 하지만 책 속의 기사들은 이름에다가 자기 고향의 이름을 붙인다는 것을 기억해 냈다. 돈 키호테도 역시 그렇게 했다. 그래서 자기 이름을 돈 키호테 데 라 만차라고 부르기로 했다.

Página 17

무기들을 깨끗하게 하고, 말과 자신의 이름을 정하고, 이제 여인이 한 명 필요하다고 생각했다. 왜냐하면 사랑이 없는 편력 기사들은 잎이 없는 나무와 같기 때문이었다. 갑자기 그는 가까운 마을에 얼굴이 고운 한 여자 농부가 살고 있다는 것을 기억해 냈다. 돈 키호테는 그녀 몰래 그녀와 사랑에 빠져 있었다. 그녀의 이름은 알돈사 로렌소였다. 돈 키호테는 그녀를 자신의 귀부인으로 삼기로 결심했다. 그리고 공주와 귀부인의 이름을 찾아보고 그녀를 둘시네아 데 토보소라고 부르기로 했다.

Página 18

제2장

돈 키호테의 첫 번째 출정

이렇게 준비가 끝나자 돈 키호테는 더 이상 기다리고 싶지 않았다. 그는 세상이 그를 필요로 한다고 믿었다. 왜냐하면 바로잡아야 할 부정함이 많았기 때문이었다. 7월의 어느 날 아침, 그의 무기를 챙기고, 로시난테에 올라타서, 우리 문을 통하여 들판으로 나갔다. 그의 의도에 대해서는 아무에게도 알리지 않았고 아무도 그가 가는 것을 보지 못했다.

가는 동안에 그는 자신이 기사로 임명되지 않았다는 것을 깨달았다. 기사도 규율에 의하면, 기사로 임명되기까지는 어느 누구와도 싸울 수 없었다. 그는 자기의 목적을 포기할 뻔했지만 그의 광기는 더해져서 그는 계속해서 나아갔다. 기사도의 책에서 종종 일어나는 것처럼 그가 만나는 첫 번째 기사가 자기를 기사로 임명해 줄 것이라고 생각했다. 그렇게 생각하니 안심이 된 그는 계속 길을 갔다.

걸어가면서 말하기를,

Página 19

"나의 유명한 공훈들이 드러날 시대는 복이 있을지어다. 오! 멋진 현자인 너는 나의 이야기를 쓸 때 나의 착한 로시난테를 잊지 마라!"

그리고는 마치 정말로 사랑에 빠진 것처럼 소리쳤다.

"오, 둘시네아 공주님! 이 심장을 사로잡은 주인님!"

이렇듯 기사도의 책에서 읽었던 것 같은 엉뚱한 말들을 아무렇게나 말했다.

아주 천천히 걷고 있었고 날씨는 매우 더웠다. 하루 종일 아무 일도 일어나지 않자 돈 키호테는 모험을 찾지 못해 초조해졌다.

해가 질 무렵이 되자 돈 키호테와 그의 말은 이미 아주 지쳐 버렸고 배가 고파 죽을 지경이었다. 그때 저 멀리 길가에 있는 주막집을 하나 보았다. 그들은 서둘렀고, 밤이 되어 주막에 도착했다.

그 주막집의 문에는 품행이 좋지 못한 두 여자가 있었다. 돈 키호테는 그 주막집이 성이며, 그 여자들이 아름다운 처녀라고 믿었다. 이 여자들은 그가 옷을 그렇게 입고 창과 방패를 든 것을 보고 겁먹어 숨으려 했다. 하지만 돈 키호테가 그들에게 말했다.

Página 20

"귀부인들이여, 도망가지도, 전혀 두려워하지도 마시오."

돈 키호테가 자기들을 귀부인들이라고 부르는 것을 듣고 그 여자들은 웃기 시작했다. 돈 키호테는 부끄러워져 그녀들에게 말했다.

"특별한 이유 없는 웃음은 바보 같은 짓이요."

돈 키호테의 말투와 모양 빠지는 외모는 그들을 더욱더 웃게 만들었다. 돈 키호테는 점점 더 화가 났다. 그때 주막집 주인이 나왔다. 그는 아주 뚱뚱하고도 차분한 사람이었다. 이 이달고의 모습을 보고서는 그 여자들이 웃는데 같이 웃을 뻔했다. 그렇지만 부드럽게 말하기로 작정하고 그에게 말했다.

"기사님, 이 주막집에는 모든 게 다 있습니다, 하지만 침대만 없네요."

돈 키호테가 대답했다.

"성주시여, 나에게는 어떤 것도 다 충분합니다. 왜냐하면 내가 가지고 있는 것은 무기이며, 나의 휴식은 바로 싸우는 것이지요."

주막집 주인은 자신은 안달루시아 사람인데 자기에게 카스티야 사람이라고 부르는 것에 놀라면서 그에게 대답했다.

"그렇다면 말에서 내리시지요."

Página 21

주막집 주인은 그가 말에서 내리는 것을 도와주었다. 돈 키호테는 그에게 자기 말을 돌봐 달라고 했다. 그 말이 세계에서 최고이기 때문이라고 말이다.

주막집 주인은 그 말을 살펴보았으나 그리 좋은 말처럼 보이지는 않았다. 그리고 로시난테를 마구간으로 데리고 갔다. 그사이에 그 처녀들은 돈 키호테에게서 무기들을 내려놓으려 했다. 그에게서 갑옷을 벗길 수는 있었다. 하지만 머리의 투구를 벗길 수는 없었다. 그는 밤새도록 투구를 쓴 채로 있었다.

돈 키호테는 그 성에서 중요한 귀부인들이 무기를 거두어 준다고 생각했다. 그래서 그들에게 기사도의 시를 읊어 주었다.

"그런 기사는 없었지.
돈 키호테만큼
자기 마을에서 왔을 때
귀부인들에게서 대접을 잘 받은,
처녀들이 그를 돌보고,
공주님들이 그의 야윈 말을 돌보고"

'로시난테'가 바로 내 말의 이름이요, 나의 부인들이여, 그리고 '돈 키호테 데 라 만차'가 내 이름이요."

Página 22

주막집의 문 앞에 식사를 차려 주었다. 음식은 익힌 대구와 자기 무기만큼이나 검고 더러운 빵 하나였다. 하지만 투구를 쓰고 있었기에 먹을 수도 마실 수도 없었다. 그들은 그에게 투구의 틈으로 음식을 주고 밀짚 빨대와 함께 마실 것을 주었다.

바로 그때 주막집에 돼지를 거세하는 사람이

도착했다. 그는 네댓 번 호각을 불었다. 그것을 보고 돈 키호테는 자신이 유명한 성에 있다는 확신을 갖게 되었다. 그에게 음악으로 대접을 하고 하얀 빵을 주고, 그 여자들은 귀부인들이며 주막집 주인은 성의 주인이라고 생각했다. 그러나 그가 가장 걱정하는 것은 기사로서 서임받지 않았다는 것이었다. 그동안 모험을 수행할 수 없기 때문이었다.

Página 23

제3장

돈 키호테가 기사가 되다

돈 키호테는 빨리 저녁 식사를 마치고 주막집 주인을 불렀다. 그와 같이 마구간으로 들어가서 무릎을 꿇은 채 그에게 말했다.

"용감한 기사님, 내 부탁을 하나 들어줄 때까지 나는 여기서 결코 일어나지 않겠습니다."

주막집 주인은 돈 키호테를 일으키려고 했으나 할 수 없었다. 그래서 그에게 부탁을 들어주겠다고 말했다.

"단지 당신의 관대함을 바랄 수밖에 없었습니다." 돈 키호테는 대답했다. "당신이 내일 저를 기사로 임명해 주기를 부탁합니다. 오늘 밤 당신 성의 예배당에서 밤새 무기를 지키겠습니다."

주막집 주인은 돈 키호테가 미쳤다고 이해했다. 그래서 그날 밤 그냥 재미있게 보내기 위해서 알았다고 하고 그에게 돈이 있는지 물었다.

Página 24

돈 키호테는 없다고 대답했다. 그는 편력 기사들이 돈을 갖고 다닌다는 것을 읽은 적이 없었다. 주막집 주인은 그에게 잘못 알고 있다고 말했다. 책에서는 너무 당연해서 그런 말이 없는 거라고 했다. 모든 편력 기사들은 돈을 가지고 다녔고, 또 한 셔츠와 상처를 치료하는 연고 같은 것을 지니고 다녔다고 했다. 그래서 그에게 항상 그런 것들을 가지고 다니라고 충고를 했다.

돈 키호테는 주막집 주인의 충고를 따르겠다고 약속했다. 그리고 나서 주막집의 뜰에서 무기를 밤새 지키기 시작했다. 왜냐하면 예배당이 없었기 때문이었다. 무기들을 우물가 돌판 위에 두고 그 돌판 앞을 서서히 거닐기 시작했다.

주막집에 있던 한 마부가 자기 동물들에게 물을 주고 싶어서 우물에 있는 돈 키호테의 무기를 치우려 했다. 돈 키호테가 그것을 보고 소리쳤다.

"오! 자네, 불손한 기사여, 가장 용감한 기사의 무기를 건드리려고 하다니! 죽고 싶지 않다면 그것들을 건드리지 마라."

그 마부는 귀담아 듣지 않고 무기들을 바닥으로 던져 버렸다. 그것을 보고서, 돈 키호테는 하늘을 쳐다보고 마치 그의 귀부인 둘시네아와 말하는 것처럼, 말했다.

"나의 귀부인이여, 나를 도와주시오, 내가 처음으로 당하는 이 모욕에서 말이오!"

Página 25

이 말을 하고는 두 손으로 창을 들어 그 마부의 머리를 내리쳤다. 그리고는 무기들을 주워 모아 놓고 아무 일도 없었던 것처럼 다시 거닐기 시작했다.

잠시 후 또 다른 마부가 자기 노새들에게 물을 주러 왔다. 무기들을 치우려고 그 돌판으로 다가갔다. 그때 아무 말도 없이 돈 키호테는 창을 가지고 그의 머리를 쳐서 다치게 하고 말았다. 그 주막집의 사람들이 무슨 일이 벌어졌는지를 보려고 모두 나왔다. 그들을 보고 돈 키호테는 칼을 쥐고 말했다.

"오 아름다운 귀부인이시여! 당신에게 포로가 된 기사를 기다리는 이 위대한 모험을 보시오."

마부들의 동료들은 이 시골 귀족에게 돌을 던지기 시작했다. 주막집 주인이 그는 미쳤으니 그만두라고 외쳤다. 돈 키호테는 그들에게 욕설을 퍼부으며 위협했다.

"낮고 천한 자들 같으니라고! 마음껏 던지고 날 모욕해 봐라. 너희들은 손해를 끼친 데 대한 대가를 치르게 될 거야."

이렇게 아주 강하게 말을 하자 그들은 놀라서 돌을 던지는 것을 멈추었다. 그래서 돈 키호테는 밤새 자기의 무기를 지켰다.

다음 날, 주막집 주인은 회계 장부를 들고 돈 키호테에게 다가갔다. 한 소년과 그 두 여자가 같이 갔다.

Página 26

주막집 주인은 돈 키호테에게 무릎을 꿇으라고 했다.

기도를 하는 척하고 속이면서, 칼을 가지고 돈 키호테의 등을 두 번 쳤다. 그리고 두 여자 중 하나에게 명령하여 그에게 칼을 동여매게 했고 그녀는 웃지 않고 아주 조심스럽게 그렇게 했다. 그에게 칼을 동여매고 그 여자는 말하기를,

"하느님이 당신을 복이 있는 기사로 만들어 주기를."

돈 키호테는 그녀에게 이름이 뭐냐고 물었다.

"제 이름은 라 톨로사예요, 톨레도 출신이죠. 지금부터 당신을 모시고 당신을 주인으로 삼겠어요."

그 이달고는 그녀에게 앞으로는 도냐 톨로사라고 부르겠다고 했다. 그러고 나서 돈 키호테는 또 다른 여자의 이름을 물었다. 그녀의 이름은 라 몰리네라로 안테케라 출신이었다. 돈 키호테는 그녀를 섬기기로 약속하고 그녀에게 도냐 몰리네라라는 이름을 주었다.

의식이 끝나자 돈 키호테는 로시난테에게 안장을 놓고 그 위에 올라서 주막집 주인에게 그를 기사로 임명해 준 친절에 대해서 감사하고 작별을 고했다.

Página 27

제4장

안드레스의 모험

돈 키호테는 이제 기사가 되었기에 매우 만족해하며 주막집을 나섰다. 그러나 주막집 주인의 충고를 기억하고 돈과 셔츠를 가지러 집으로 돌아가기로 결심했다. 게다가 그는 종자가 한 명 필요했기에 이웃 농부에게 도움을 구하려고 생각했다. 이러한 생각으로 그는 로시난테를 자기 마을로 향하여 몰았다.

오래 가지 않아서 그는 가까운 숲에서 나오는 목소리를 들었다. 어떤 사람이 탄식을 하고 있었다. (그는) 로시난테를 소리 나는 쪽으로 향하게 하면서 말했다.

"내가 기사로서의 소임을 다할 수 있는 기회를 주신 하늘에 감사드린다. 어느 누가 나의 도움을 필요로 하는구나."

그때에 그는 한 소년이 나무에 묶여 있는 것을 보았다. 그는 대략 열다섯 살쯤 되어 보였다. 한 농부가 그에게 매질을 하고 있었기에 그 소년은 소리 지르고 있었다. 그 농부는 말하기를,

"입은 다물고 눈은 잘 떠야지."

그 소년이 대답하기를,

Página 28

"더 이상 안 그럴게요. 양 떼들을 더 잘 돌본다고 약속할게요."

일어나고 있는 일을 보고서 돈 키호테는 화가 나서 말했다.

"무례한 기사 같으니라고. 그대는 스스로 방어할 수 없는 자를 때리고 있군. 그대의 말에 올라 나와 싸우지 그래. 내가 당신이 하고 있는 짓이 얼마나 비겁한 짓인지를 알게 해 주지."

그 농부는 자기 얼굴 가까이에 창을 겨누고 있는 사람을 보고서, 죽겠구나 싶어 좋은 말로 대답했다.

"기사 양반이여, 이 소년은 나의 하인이에요. 내 양들을 돌보고 있죠. 그런데 너무 태만해서 매일 한 마리씩 잃어버리고 있죠. 비록 자기에게 급료를 주지 않아 그렇다고 그는 말하고 있지만요."

"그 소년이 내 앞에서 거짓말을 할까?" 돈 키호테가 말했다. "우리를 비추는 태양을 두고, 나는 지금 내 창으로 그대를 찌르기 직전이네. 그대가 그에게 빚진 것을 지불하고 지금 당장 그를 풀어 주게."

그 농부는 고개를 숙이고, 아무 대답하지 않은 채, 자기 하인을 풀어 주었다. 돈 키호테는 그 소년에게 주인이 그에게 얼마나 빚을 졌는지 물었다. 그는 총 아홉 달로, 매달 7레알씩이라고 말했다. 돈 키호테는 계산해서 73레알로 생각했다. 그리고 농부에게 그 자리에서 죽고 싶지 않으면 그에게 돈을 지불하라고 말했다.

Página 29

"기사 양반," 농부가 말했다. "여기에 돈을 갖고 있지 않습니다. 안드레스야, 우리 집으로 가자, 네게 지불할게."

"내가 그 사람과 같이 간다고요?" 소년이 말했다. "말도 안 돼요. 우리만 같이 있게 된다면 내 살 껍데기를 벗겨 버릴 거에요."

"내가 그에게 그것을 명령하니 그렇게 하지 않을 거다." 돈 키호테가 말했다. "받아들인 기사도의 규율로 나에게 맹세하게. 그러면 그대를 그냥 가게 하겠네."

"기사님," 소년이 말했다. "우리 주인은 기사도 아니고 기사도의 규율도 받지 못했어요. 이름은 부자 후안 알두도이고, 킨타나르의 주민이에요."

"그건 중요하지 않다." 돈 키호테가 대답했다. "왜냐하면 알두도 가문이 기사일 수도 있기 때문이지. 게다가 각자는 자기 행동을 통해 스스로를 만들어가는 거니까."

"그건 사실이지요." 안드레스가 말했다. "하지만 기사님, 내 돈을 나에게 주지 않는 것은 어떤 행위를 통해 만들어진 사람인가요? "

"부정하지 않겠다, 안드레스야." 농부가 대답했다. "나하고 같이 가자. 기사도의 모든 규율로 네게 맹세하건대 돈을 지불하겠다."

Página 30

"그대가 맹세한 것을 이행하시오." 돈 키호테가 말했다. "그에게 지불하지 않으면 내가 다시 그대를 찾아서 벌을 줄 것이오. 그리고 누가 그대에게 이것을 명하는지 알고 싶다면, 나는 용감한 돈 키호테 데 라 만차라는 것을 알아 두시오."

이렇게 말하고 나서 돈 키호테는 로시난테에 올라 그들에게서 떠나갔다. 농부는 남아 그가 어떻게 멀어지는지를 바라보았다. 그가 숲속에서 보이지 않게 되자 그는 하인 안드레스에게로 돌아와서 그에게 말했다.

"얘야, 이리 오너라. 네게 빚진 것을 갚고 싶구나."

그리고는 그의 팔을 붙잡고, 다시 떡갈나무에 묶은 뒤, 거의 죽을 정도로 매질을 했다.

그동안 돈 키호테는 자기 마을을 향해서 걷고 있었다. 일어난 일에 대해 만족해하며 가면서 낮은 소리로 혼자 중얼거렸다.

"오, 복 있는 둘시네아 델 토보소여! 아름다운 여인 중의 아름다움이여! 당신을 섬기는 나 같은 용감하고 유명한 기사를 갖고 있는 당신은 얼마나 복이 있는가! 어제는 기사도의 서품을 받고, 오늘은 불의를 만들고 잔인함을 저지르는 최고의 부정을 쫓아냈구나."

Página 31

제5장

상인들의 모험

마을로 가는 길에 돈 키호테는 한 무리의 사람들을 만났다. 그들은 톨레도의 상인들이었다. 비단을 사러 무르시아로 가고 있었다.

그들을 보자마자 돈 키호테는 새로운 모험을 상상하고 그들에게 말했다.

"모두 멈추거라. 그리고 라 만차의 황후인 둘시네아 델 토보소보다 더 아름다운 부인은 세상에 없다는 것을 인정하라."

상인들은 멈추어서 돈 키호테를 바라보았다. 그의 모습이나 말로 보아서 그가 미쳤다는 것을 알아챘다.

그들 중의 한 사람이 그에게 말했다.

"기사 양반, 우리들은 그 귀부인을 알지 못합니다. 우리들에게 그녀를 보여 주면, 그리고 당신이 말하는 것처럼 그렇게 아름답다면, 우리는 그걸 인정하겠습니다."

Página 32

"내가 너희들에게 그녀를 보여 준다면, 그 분명한 사실을 인정하는 것이 무슨 가치가 있겠는가?" 돈 키호테는 말했다. "중요한 것은 그녀를 보지 않고 그것을 믿고 인정하는 것이다. 너희들이 그렇게 하지 않는다면 나와 싸워야 할 것이다."

"기사 양반," 그 상인이 말대꾸했다. "우리에게 그 부인의 초상화라도 보여 주기를 간청합니다. 그러면 비록 애꾸눈이라 하더라도 세상에서 가장 아름다운 분이라고 말하지요."

"이 망나니야," 돈 키호테가 화가 나서 대답했다. "둘시네아는 애꾸눈이 아니다. 너희들은 그 거짓말에 대한 대가를 치르게 될 것이야."

이렇게 말하고, 돈 키호테는 창을 가지고 그 말을 한 사람을 때리려고 했다. 그러나 로시난테가 발이 걸려 넘어지고 그는 바닥에 떨어졌다. 그는 들판을 굴렀다. 일어나고 싶었지만 그럴 수 없었다. 왜냐하면 갑옷이 그에겐 너무나 무거웠기 때문이었다. 바닥에서 그는 소리쳤다.

"도망가지 마라, 이 겁쟁이들아. 내 말 탓에 내가 여기 누워 있지만 말이다."

상인들 중의 한 젊은이가 돈 키호테에게 가까이 다가갔다. 바닥에서 창을 집어 부러뜨리고, 한 조각을 집어 그를 두들겨서 갈비뼈를 상하게 했다.

그 젊은이가 그를 매질하는 데 지치게 되어서야, 상인들은 계속 그들의 길을 갔다.

Página 33

제6장

돈 키호테가 집으로 돌아오다

돈 키호테는 움직일 수 없자, 자기가 읽은 책들의 이야기에 대해서 생각하기 시작했다. 만투아 후작의 이야기를 기억해 내어 그의 시구를 암송했다.

"어디에 있나, 나의 부인이여,
너는 나의 악행이 고통스럽지 않나?
아니면 그걸 모르나, 부인이여,
아니면 너는 거짓말쟁이고 불충한 사람이야."

그때에 우연히 알론소 키하노의 한 이웃 농부가 그곳으로 지나가게 되었다. 그 사람이 바닥에 앉은 것을 보고 그에게 다가갔다. 그의 투구의 앞 차양을 치우자 그가 자기의 이웃인 돈 알론소 키하노인 것을 보았다. 놀라서 그에게 물었다.

"키하노 씨 누가 당신을 이렇게 했나요?"

Página 34

돈 키호테는 자기 이웃을 알아보지 못하고 시구를 암송하고 있었다. 그 이웃 사람은 그를 일으켜서 자기 당나귀 위로 올렸다. 그러고 나서 무기들을 주워 모으고 로시난테의 고삐를 끌면서 자기 마을로 향했다.

그들은 해가 질 무렵에 마을에 도착했다. 하지만 농부는 마을에 들어가지 않고 밤이 될 때까지 기다렸다. 그는 이달고가 그렇게 나쁜 상태인 것을 어느 누구도 보지 않기를 원했다. 그가 보기에 괜찮은 시간에 그들은 마을로 들어가 바로 돈 키호테의 집으로 갔다. 집은 이 이달고가 없어서 어지러워져 있었다. 그곳에는 알론소 키하노의 대단한 친구들인 신부와 이발사가 있었다. 하녀가 큰 소리로 말했다.

"당신들은 나의 주인님의 불행을 어떻게 생각하세요? 없어진 지 삼 일이 되었어요. 지긋지긋한 기사도 책들이 나의 주인님을 미치게 했어요."

"내 말이 바로 그 말이야." 신부가 말했다. "내일 그것들을 태워 버리자."

이 모든 말을 농부와 돈 키호테가 듣고 있었다. 이로써 농부는 자기 이웃이 미쳤다는 것을 알게 되었다. 그때에 농부가 큰 소리로 말했다.

"만투아 후작님께 문을 여세요, 심한 상처를 입었어요."

Página 35

그 소리를 듣고 모두가 나와 돈 키호테를 안으려 달려갔다. 하지만 그는 말했다.

"멈추시오. 나는 말의 실수로 인해 심한 상처를 입었소. 내 상처를 치료하도록 나를 침대로 데려가고, 현자 우르간다를 부르시오."

그들은 그를 침대로 데려가고 돈 키호테는 그들에게 열 명의 거인들과 싸울 때 로시난테에서 떨어져서 상처를 입었다고 말했다.

"거인들이요? 어이구 하느님! 내일 책들을 태우겠어요." 신부가 말했다.

돈 키호테에게 많은 것을 물어보았으나 어느 것에도 대답을 하지 않았다. 그는 자기에게 먹을 것을 주고 잠을 좀 자게 해 달라고 부탁했다.

Página 36

제7장

돈 키호테의 책들을 태우기

다음 날, 신부와 이발사는 돈 키호테의 집으로 갔다. 신부는 그의 조카딸에게 서고의 열쇠를 요구했다. 그들은 그곳으로 들어가서, 책을 점검하기 위해 이발사에게 책들을 하나하나씩 자기에게 가져다줄 것을 요구했다. 어떤 것들은 불에서 살아남을 수 있었다.

그날 밤, 그들은 집의 가축 우리에서 돈 키호테의 거의 모든 책들을 태워 버렸다. 그러고 나서 서고의 문을 벽으로 막아 버렸다. 그렇게 하면 돈 키호테는 그것을 못 찾을 것이리라. 그들은 그에게 한 마법사가 책과 함께 방을 가지고 갔다고 말할 생각이었다. 신부는 그것이 친구의 광기를 위한 가장 좋은 치료법이라고 생각했다.

Página 37

제8장

돈 키호테의 두 번째 출정

돈 키호테는 며칠 후 자리에서 일어났다. 제일 먼저 한 일은 자기 책들을 보러 가는 것이었다. 서고를 찾지 못하자 그걸 찾으러 이리저리 다니고 있었다. 그러다가 하녀에게 그것에 대해서 물어보았다.

하녀가 그에게 대답했다.

"무엇을 찾으시나요, 주인 나리? 이제 이 집에

는 서고도 책들도 없습니다. 악마가 몽땅 다 가져갔어요."

"악마가 아니라 어느 날 밤 구름을 타고 온 마법사였어요." 조카가 말했다.

"아마," 돈 키호테가 말했다. "현자 프레스톤 아니면 프리톤일 거야. 그는 나의 대단한 적으로 내가 유명한 기사가 되는 것을 바라지 않지."

"전 모르겠어요." 하녀가 대답했다. "이름이 프레스톤인지 프리톤인지, 난 그의 이름이 톤으로 끝난다는 것만 알아요."

Página 38

그 이달고가 조용히 지낸 지 보름이 흘렀다. 그때에 돈 키호테는 이웃 농부에게 자기의 종자가 되어 줄 것을 부탁했다. 그는 선한 사람이었지만 -이는 가난한 사람을 두고 말한다면 그렇고- 그러나 아주 단순한 사람이었다. 그를 한 섬의 통치자로 만들어 주겠다고 그에게 약속했다. 그것과 또 다른 것들로 인해 산초 판사는, 그의 이름이 그랬다, 아내와 자식들을 남겨 놓고 자기 이웃의 종자가 되었다.

돈 키호테는 돈이 필요했기에 상당한 액수를 마련하기 위해서 몇 가지를 팔았다. 한 친구에게 방패 하나를 빌렸고 무기들을 손질했다. 다음에는 산초에게 길을 나설 날을 일러 주며 준비를 하라고 했다. 종자는 어깨에 자루를 메고 걷지 않으려 당나귀를 가져왔다. 돈 키호테는 책에서 종자들이 당나귀를 데리고 다녔는지를 기억하지 못했다. 그렇지만, 그는 어느 적에게서 말을 한 필 빼앗을 때까지 그걸 데리고 다니기로 결정했다.

이후, 돈 키호테는 주막집 주인이 충고한 것처럼 식량을 챙겼다. 어느 날 밤, 그 기사와 종자는 아무도 그들을 보지 못하게 첫 번째 여행길과 같은 길로 마을을 떠났다.

산초는 당나귀 위에서 자루를 메고 장화를 신고 족장처럼 가고 있었다. 자기 주인이 약속한 것처럼 한 섬의 통치자처럼 보였다. 그때 산초가 돈 키호테에게 말했다.

Página 39

"편력 기사님, 내게 약속한 섬을 잊지 마세요. 아무리 섬이 크다 해도 내가 통치하는 법을 배울 거예요."

"친구 산초 판사," 돈 키호테가 대답했다. "편력 기사들은 자기 종자들이 나이가 들면 통치자로 만들어 주었다는 것을 너는 알아 두어라. 나는 더 좋은 것을 하기로 이미 결심했다. 내가 엿새 내로 왕국을 얻게 되면 그건 자네의 것이 될 것이다."

"그렇게," 산초 판사가 대답했다. "그렇게 해서 내가 왕이 되면 내 아내는 왕비가 되고 내 아이들은 왕자가 되겠네요."

"그래, 그건 당연한 것 아닌가?" 돈 키호테가 대답했다.

"제가 의심하는 것은" 산초가 대꾸했다. "(왜냐하면) 이 땅위에 왕국이 쏟아져 내린다 하여도 어떤 것도 내 아내에게는 쓸모가 없을 거예요. 그녀는 왕비의 자격은 없어요. 백작 부인 정도가 더 나을 거예요. 그것도 신의 도움이 있어서죠."

돈 키호테가 대답했다. "산초야, 신께서는 가장 적절한 것을 주실 것이다. 하지만 실망하지 마라, 적어도 자네는 통치자가 될 것이야."

"(걱정) 안 할게요." 산초가 대답했다. "나리께서 제게 가장 좋은 것을 주실 거 잖아요."

Página 40

제9장

물레방앗간에서의 모험

그러다가, 그들은 멀리 있는 삼사십 개의 풍차를 발견했다. 그것들을 보고 돈 키호테가 말했다.

"운명이 우리의 발걸음을 인도하는구나. 친구

산초야, 저기를 봐라. 저 서른 개 이상의 거대한 거인들을 말이다. 나는 그들과 싸울 것이고 그들을 죽일 것이다. 그러면 우리는 부자가 되기 시작할 거다."

"어느 거인이요?" 산초가 말했다.

"저기 보이는 긴 팔을 가지고 있는 것 말이다." 돈 키호테가 대답했다.

"그것들은 거인이 아니라 풍차입니다. 그리고 팔처럼 보이는 것은 바람이 움직이고 있는 풍차 날개이고요." 산초가 말했다.

"네가 모험에 대해 모르는 것이 표시가 나는구나. 그들은 거인이다. 겁이 나면 넌 떨어져서 기도를 하거라. 나는 그들과 싸워야겠다." 돈 키호테가 말했다.

Página 41

그리고는 풍차를 향하여 갔다. 산초는 그것들은 풍차라고 그에게 소리 질렀으나 돈 키호테는 종자의 외침을 듣지 않았다. 기사는 큰소리로 말했다.

"도망가지 마라, 이 겁 많고 비열한 동물들아. 단 한 분의 기사가 너희들을 공격한다."

그때 바람이 조금 일어나 큰 날개들이 움직이기 시작했다. 그걸 본 돈 키호테는 말했다.

"아무리 팔을 움직여 봐도 벌을 받을 것이다."

그리고는 진심으로 둘시네아 부인의 가호를 빌며 앞에 있는 첫 번째 풍차를 공격했다. 창은 날개에 부딪쳤지만 바람이 날개를 돌리면서 창을 부러뜨렸다. 돈 키호테와 로시난테는 밭에 쓰러졌다. 산초 판사는 그를 도와주러 갔고 자기 주인이 크게 한 대 맞아 움직일 수 없는 것을 보았다.

"어이구, 하느님! 제가 그건 풍차라고 하지 않았던가요?" 산초가 말했다.

"입 다물어라, 친구 산초야." 돈 키호테가 말했다. "전쟁 일들이란 계속 바뀌는 법이다. 내 책들을 훔쳐간 그 현자 프레스톤이 이 거인들을 풍차로 변하게 했구나. 나에게서 승리의 영광을 빼앗아 가고 싶어 하지. 하지만 내 칼의 선의에 대항하는 그의 악한 속임수는 전혀 소용없을 것이다."

Página 43

산초는 그가 일어나서 로시난테에 올라타도록 도와주었다. 지나간 모험에 대해서 이야기하면서 그들은 푸에르토 라피세를 향해 길을 계속 갔다. 기사는 그곳에서 많은 모험을 찾을 수 있으리라고 생각했다. 식사 시간이 되었다. 돈 키호테는 배고프지는 않았지만 산초가 원하면 언제든지 먹을 수 있도록 허락을 해 주었다. 그래서 산초(종자)는 자기 당나귀 위에 자리를 잡고 자루에서 먹을 것을 꺼냈다. 걷다가 또 먹었다. 그렇게 하는 동안에 돈 키호테가 했던 섬에 대한 약속을 기억하지도 못했다.

그날 밤에 그들은 나무들 사이에서 잠을 잤다. 돈 키호테는 가지를 잘라서 창을 만들었다. 훌륭한 편력 기사인 만큼, 그의 귀부인 둘시네아를 생각하며 한숨도 자지 않았다.

Página 44

제10장

비스카야인의 모험

다음 날 그들은 길을 계속 갔다. 걸어가는 동안에 두 사제를 만났다. 그들 뒤에는 마차 한 대와 말 탄 사람 그리고 노새를 돌보는 하인 둘이 오고 있었다. 마차 안에는 세비야로 가는 비스카야 지방의 한 부인과 그의 하녀들이 있었다.

돈 키호테는 그들을 보자마자 종자에게 말했다.

"내가 착각하는 것이든지, 아니면 이것은 세상에서 가장 유명한 모험이 될 것이다. 저 검은 짐들은 마차에 가고 있는 공주를 납치한 마술사들이다."

"이번엔 풍차보다 더 나빠지겠는걸." 산초가 말했다. "주인님, 저 사람들은 사제들이고, 마차는 어느 여행자의 것일 거예요."

"산초야, 내가 이미 네게 말했잖니. 너는 모험에 대해 너무 아는 게 없구나." 돈 키호테가 대답했다. "이제 내가 말하는 것이 사실이라는 걸 보게 될 거다."

Página 45

돈 키호테는 앞으로 나아가, 길 한가운데 섰다. 큰 소리로 말했다.

"악마에 씐 자들아, 당장 그 마차에 납치하고 있는 공주를 풀어 주거라. 그렇지 않으면 죽을 준비를 하거라."

사제들은 멈춰 섰고, 돈 키호테의 모습과 그가 말하는 것에 놀랐다. 그에게 대답했다.

"기사 양반, 우리는 악마에 씐 사람들이 아니라 (두) 성직자들이요. 게다가 이 마차 안에 공주가 납치되어 가고 있는지 아닌지도 모릅니다."

"무슨 소리냐! 나는 너희들을 잘 알고 있다, 망나니 같으니라구." 돈 키호테가 말했다.

그리고 더 이상 대답을 기다리지도 않고, 첫 번째 사제에게 온 힘을 다하여 덤벼들었다. 그 사제는 돈 키호테의 공격을 피하다가 노새에서 떨어졌다. 다른 성직자는 바람보다 더 날쌔게 들판으로 도망가기 시작했다.

산초 판사는 바닥에 떨어진 사제를 보고는 그에게서 의복을 벗기기 시작했다. 그곳까지 사제의 젊은 두 하인들이 와서 그에게 왜 옷을 벗기느냐고 물었다. 산초는 그들에게 대답했다.

Página 46

"나는 내 주인이 승리한 전투의 전리품에 대한 권리가 있지."

하인들은 전리품이니 전투니 하는 것들을 이해하지 못하고, 산초를 때리기 시작했다. 그를 바닥에서 정신을 잃게 했다. 사제는 일어나서 동료와 함께 도망쳤다.

돈 키호테는 마차의 부인과 이야기하러 가서, 그녀에게 말하기를,

"나의 귀부인이시여, 이제 당신은 원하는 대로 할 수 있습니다. 이제 제가 당신을 도둑들로부터 해방시켰습니다. 내 이름은 돈 키호테 데 라 만차며, 편력 기사로, 아름다운 둘시네아 델 토보소를 섬깁니다. 내가 당신에게 행한 호의의 답례로, 당신은 토보소로 가서 나의 귀부인 앞에서 자신을 소개하고 내가 한 일을 그에게 말하시지요."

그 부인의 종자인 한 비스카야 사람이 돈 키호테가 말하는 것을 들었다. 그가 그들을 지나가지 못하게 하는 것을 보고, 그에게서 창을 빼앗아, 시원찮은 카스테야노 말로 그에게 말했다.

"제정신이 아닌 기사여, 우리 마차를 계속 가게 하지 않는다면, 이 비스카야인이 당신을 그곳에서처럼 죽일 거요."

"네가 기사라면 이미 너는 너의 불손함으로 벌을 받았을 것이야." 돈 키호테가 말했다.

Página 47

"내가 기사가 아니라고? 내가 신에게 맹세하건데 너는 거짓말을 하는구나." 비스카야인이 응수했다. "네가 창을 던지고 칼을 뺀다면, 내가 단번에 이길 거야. 비스카야 사람이라면 육지에서나, 바다에서나, 악마에게서나 다 이달고이지."

"이제 알게 될 거다!" 돈 키호테가 대답했다.

그리고 나서 칼을 뽑아서 비스카야인을 공격했다. 그 비스카야인은 그냥 서 있지는 않았다. 돈 키호테의 어깨를 크게 칼로 내리쳤다.

그 기사는 충격을 느끼고 말했다.

"오, 내 영혼의 부인이신 둘시네아여, 아름다움

의 꽃이여, 나를 도우소서!"

돈 키호테는 그 비스카야인을 향하여 다시 공격했다. 비스카야인은 베개로 몸을 가리고 노새를 움직일 수 없게 하고 그를 기다렸다. 그 둘이 칼을 높이 세우고 있는 동안, 마차에서는 부인과 하녀들이 자신들의 종자가 위험에서 벗어나기를 기도하고 있었다.

그러나 이 이야기의 저자는 여기에서 이야기를 중단했다. 왜냐하면 이 전투에 대해 더 이상의 자료를 찾지 못했기 때문이었다. 그럼에도 불구하고 두 번째 저자는 그 유명한 기사에 관한 원고들을 찾아서 다음 장에서 이야기하는 것처럼 그 이야기를 끝낼 수 있었다.

Página 48

제11장

비스카야인의 모험이 계속되다

앞의 장에서는 칼을 높이 쳐든 용감한 비스카야인과 그 유명한 돈 키호테의 결말을 보지 못했었다. 이것이 나는 마음이 아팠다. 왜냐하면 아직 이야기를 끝내기에는 많이 남아 있고 또한 모든 사람이 그것을 읽었으면 해서였다.

어느 날 톨레도에 있을 때 한 소년이 서류철과 고문서를 팔러 왔다. 나는 읽는 것을 좋아하는 만큼 아랍어로 쓰여진 서류철 하나를 골랐다. 나는 그것을 번역해 줄 통역사를 찾았다. 그 통역사는 서류철을 열어 보고 웃음을 터뜨렸다. 나는 그에게 왜 웃는지 물었고 그는 나에게 책 끝에 적힌 어느 것을 보고 웃었다고 말했다. 나는 그에게 그것을 읽어 보라고 부탁했고 그는 말했다.

"이 둘시네아 델 토보소는, 이 이야기에 수차례 언급되고 있는데 그녀는 라 만차 전 지역에서 돼지를 염장하는 데에서 최고이다."

Página 49

'둘시네아 델 토보소'라고 말하는 것을 듣고 나는 놀랐다. 왜냐하면 그 서류들이 돈 키호테의 이야기를 포함하고 있다고 생각했기 때문이었다. 그에게 처음 부분을 읽어 달라 부탁을 했고 그는 말했다.

'아랍 역사가 시데 하메테 베넹헬리에 의해 쓰여진, 라 만차의 돈 키호테 이야기'. 나는 책의 제목을 듣고 무척 기뻤으며 그 서류철을 샀고 통역사에게 그것을 번역해 달라고 부탁했다. 한 달 반이 안 되어 그는 그것을 모두 번역했다.

번역에 따르면, 비스카야인과 돈 키호테의 싸움의 결말은 이렇다.

그 용감한 기사들의 칼들이 높이 들려, 하늘과 땅을 위협하는 듯했다. 첫 번째로 타격을 가한 사람은 비스카야인이었다. 돈 키호테를 아주 세게 내리쳤다. 그의 왼쪽 어깨를 쳐서 거의 귀 반쪽을 잘라 놓았다.

돈 키호테는 격노했다. 로시난테 위에 바로 앉아서 두 손으로 다시금 칼을 꽉 잡았다. 그는 비스카야인을 보호하는 베개와 그의 머리를 타격했다. 그 종자가 코와 입과 귀에서 피를 흘리기 시작했다. 당나귀는 달리기 시작했고 종자를 땅바닥으로 던져 버렸다.

Página 50

돈 키호테는 그를 차분히 바라보았고 그의 눈에다가 칼끝을 대었다. 그에게 항복하지 않으면 머리를 베겠다고 했다. 여자들은 마차에서 돈 키호테에게 비스카야인의 목숨을 살려 달라고 부탁했다.

돈 키호테가 그들에게 대답했다.

"아름다운 부인들이시여, 나는 당신들이 요구하는 대로 하겠소. 하지만 이 기사가 둘시네아를 찾아간다고 할 경우에만이요."

침통한 부인은 종자는 그에게 명령하는 것을 모두 할 것이라고 그에게 약속했다.

"그렇다면 더 이상 그를 해치지는 않겠소." 돈 키호테가 말했다.

산초 판사는 자기 주인의 싸움에 주의를 기울이면서, 하느님께 기도하기를 자기가 통치자가 될 수 있게 어떤 섬이라도 얻었으면 했다. 그 싸움이 끝나자 산초는 돈 키호테를 찾아갔다. 무릎을 꿇고 그의 손에 입 맞추며 말했다.

"나의 주인 돈 키호테시여, 이 싸움에서 얻은 섬을 제가 통치하게 해 주십시오. 제가 통치하는 법을 배우겠습니다."

돈 키호테가 대답했다.

"형제 산초야, 이번 모험은 섬을 두고 하는 것이 아니라 가는 길에서 일어나는 모험이다. 이런 모험에서 얻는 것이라고는 단지 머리나 귀가 얼마나 덜 다치는가이다. 인내심을 가지거라, 네가 통치자가 될 수 있는 다른 모험들이 있을 것이다."

산초는 그에게 감사하며 그가 로시난테 위에 올라타는 것을 도와주었다. 그리고 자기 당나귀를 타고 주인을 쫓아갔다.

Página 51

제12장

양구아스 사람들의 모험

시데 하메테 베넹헬리가 말하는 바에 의하면, 그 싸움 뒤에 그들은 개울이 흐르는 신선한 풀이 가득한 목장에서 쉬기 위해 멈추어 섰다.

돈 키호테와 산초는 자기 동물한테서 내려서 그(것)들이 자유롭게 풀을 뜯도록 두었다. 그동안 주인과 종자는 함께 식사를 했다.

그 목장에는 몇몇 갈리시아 마부들의 암말들이 있었다. 로시난테는 즐기고 싶어서 그들 쪽으로 갔다. 하지만 암말들은 어느 다른 일보다 풀을 뜯고 싶어 했기에 로시난테를 말편자와 이빨로 맞아 주었다. 그때에 마부들이 도착해서 로시난테가 심한 상처를 입고 땅바닥에 누울 때까지 몽둥이로 두들겨 팼다.

돈 키호테와 산초는 그들이 로시난테에게 몽둥이찜질을 한 것을 보고는 그들이 있는 곳으로 달려갔다. 돈 키호테는 종자에게 말했다.

Página 52

"친구 산초야, 이들은 기사가 아니구나, 그러니 로시난테가 받은 수모를 복수하는 데 네가 나를 도와주어야겠다."

"대관절 무슨 복수를 우리가 한단 말인가요?" 산초가 대답했다. "그들은 스무 명이 넘고 우리는 단둘인데요."

"내가 백 명에 상당한다." 돈 키호테가 대답했다.

그는 말을 멈추고 칼을 뽑아 갈리시아 사람들을 향하여 덤벼들었다. 산초 판사도 마찬가지로 그렇게 했다. 돈 키호테는 한 사람을 칼로 쳐서 옷과 등 한 부분을 찢어 놓았다. 갈리시아 사람들은 몽둥이를 들고 이 기사와 종자를 혹독하게 패 주었다. 이 둘은 로시난테와 함께 땅바닥으로 넘어졌다.

갈리시아 사람들은 자기들이 벌인 일을 보고는, 즉시 그들의 동물을 챙겨 길을 계속 갔다.

그러고 나서 산초 판사는 탄식하고 불평을 하며 일어났다. 다음에 당나귀를 챙기고 로시난테를 일으켰다. 돈 키호테를 당나귀 위에 올려놓고 국도 쪽으로 향했다. 그 길에서 그들은 주막집 하나를 보았는데 돈 키호테에게는 그것이 성과 같았다. 기사와 종자는 도착할 때까지 그것이 주막집인지 성인지에 대해서 언쟁을 했다.

Página 53

제13장

마법에 걸린 주막집

주막집에 도착했을 때, 주인이 무슨 일인가 하고 나왔다.

"나의 주인님이 바위에서 떨어져서 상처를 입었어요." 산초가 대답했다.

주막집 주인의 아내가 돈 키호테를 치료하러 뛰어왔다. 젊고 얼굴이 고운 처녀인 그녀의 딸이 그녀를 도와주었다. 역시 주막집에는 마리토르네스라고 부르는 아스투리아 여자가 한 명 있었다. 얼굴이 넓고 애꾸눈에 허리가 좀 굽어 있었다.

그 여자들은 낡은 짚 헛간에 돈 키호테의 잠자리를 만들어 주었다. 거기에서는 돈 키호테보다 더 좋은 침대에서 한 마부가 자고 있었다. 왜냐하면 이 이달고의 침대는 두 개의 긴 의자에 네 개의 판과 오돌토돌한 매트리스로 만들어졌기 때문이었다.

돈 키호테는 잠자리에 들었고 주막집 여주인과 그의 딸은 그의 상처를 치료했다.

"이 기사 분의 이름이 뭐예요?" 마리토르네스가 물었다.

Página 54

"돈 키호테 데 라 만차로 편력 기사이지요. 세상에서 가장 훌륭하고 강하신 분이지요." 산초 판사가 대답했다.

"편력 기사가 뭔데요?" 아스투리아 여자 마리토르네스가 물었다.

"자매여, 편력 기사는 몽둥이로 맞은 것처럼 보이다가도 방금 황제가 되는 것이에요." 산초가 대답했다. "오늘은 비참한 인간이지만 내일은 종자에게 줄 수 있는 두세 개의 왕국을 가지게 되죠."

"그러면 그렇게 훌륭한 분의 종자이면서 어떻게 당신은 백작령도 없나요?" 마리토르네스가 말했다.

"아직은 일러요." 산초가 대답했다. "왜냐하면 우리는 모험을 찾아 나선 지 단지 한 달밖에 안 되었거든요."

이러한 대화를 돈 키호테는 주의 깊게 듣고 있었다. 할 수 있는 한 침대에서 일어나서 주막집 여주인의 손을 잡고 말했다.

"아름다운 귀부인이시여, 그대의 성에 내가 묵는 것으로 인해 그대는 운이 좋은 사람이라고 불러도 좋겠소. 나를 치료해 주어 고맙소. 평생 그대에게 감사하겠소."

Página 55

주막집 여주인과 그의 딸 그리고 마리토르네스는 돈 키호테의 말을 듣고 혼란에 빠졌다. 그들은 그의 제의에 고마워하며 그를 놔두고 나갔다. 다음에 아스투리아스 여자 마리토르네스는 산초를 치료했는데 그의 주인만큼이나 그도 치료가 필요했다.

마부는 그날 밤 같이 잠자리에 들기로 마리토르네스와 약속을 했었다. 그녀는 모두가 잠든 뒤에 그를 찾아가겠다고 그에게 약속을 했다. 사람들은 이 착한 여자는 항상 약속을 지킨다고 했다.

그 방의 첫 번째 침대는 돈 키호테의 것이었다. 다음에 산초의 것이 있었고 마지막으로 마부의 침대가 있었다. 마부는 침대에 누워서 마리토르네스를 기다리고 있었다. 산초와 돈 키호테도 역시 누워 있었지만 아무도 자고 있지 않았다. 마부는 시간을 정확히 지키는 마리토르네스를 기다리고 있었기 때문이고, 돈 키호테와 산초는 각자 갈비뼈의 통증 때문이었다. 주막집 전체가 조용했고 불빛이라고는 전혀 없었다.

이런 고요함 속에서 돈 키호테는 자기 책에서 읽은 것들을 상상하기 시작했다. 그가 성에 있는 동안 성주의 딸이 자기와 사랑에 빠졌다고 상상했다. 그녀가 그날 밤 자기와 같이 자고 있다고 상상했다.

이렇게 터무니없는 것들을 생각하고 있는 동안에 마리토르네스는 마부를 찾으러 갔다. 그녀가 문 앞에 도착했을 때 돈 키호테는 그녀의 소리를 들었다. 침대에 앉아서, 자기의 아름다운 아가씨를 맞이하려고 팔을 잡아당겼다. 마리토르네스의 손을 꼭 잡고 그녀를 자기 옆에 앉혔다.

Página 56

그러고 나서 그녀에게 작은 소리로 말하기 시작했다.

"아름답고 키가 크신 귀부인이여, 나에게 베푸는 호의에 보상할 수 있는 상태였으면 좋겠지만 내가 지금 완전히 지쳐서 침대에 쓰러져 있습니다. 게다가 나는 둘시네아 델 토보소에게 의무를 지니고 있습니다. 그녀가 내 생각 속의 유일한 귀부인입니다."

마리토르네스에는 돈 키호테가 말하는 것을 하나도 이해하지 못했다. 마부는 깨어 있으면서 그걸 다 들었다. 질투심이 생겨서 돈 키호테의 침대로 가까이 다가갔다. 마리토르네스는 달아나려고 하고, 돈 키호테는 놔주지 않는 것을 보고 그에게 주먹을 한 방 날렸다. 그리고는 그의 위에 올라타고 발로 차서 갈비뼈를 상하게 했다.

세 명의 무게로 인해 침대는 부서졌다. 시끄러운 소란이 주막집 주인을 깨웠다. 즉각적으로 그는 마리토르네스의 일이라고 생각하고 그녀를 불렀지만 그녀는 대답하지 않았다. 그는 일어나서 등잔불을 켜고 방으로 갔다. 마리토르네스는 주인이 오는 것을 보고 산초 판사의 침대로 들어갔다.

주막집 주인이 들어가서 말했다.

"어디에 있느냐?, 창녀 같으니. 이건 분명히 너의 짓이야."

Página 57

그때에 산초 판사는 잠에서 깨어, 자기 위에 어떤 큰 것이 있는 것을 느꼈다. 그는 악몽이겠거니 생각했다. 그는 마리토르네스를, 또 그녀는 그를 때리기 시작했다. 마부는 마리토르네스를 도우러 갔고 주막집 주인 마찬가지로 그렇게 했다. 모두가 서로 때리고 있었다. 마부는 산초를, 산초는 마리토르네스를, 마리토르네스는 산초를, 주막집 주인은 마리토르네스를 말이다. 그리고 압권은 주막집 주인의 등잔불이 꺼진 것이었다. 이렇게 모든 것이 보이지 않게 되고, 서로서로 계속해서 때리고 있었다.

그날 밤에 그 주막집에는 시민 경찰단의 일원이 묵고 있었다. 그는 싸우는 시끄러운 소리를 듣고 방으로 가서 말했다.

"정의의 이름으로 멈추시오!"

그 단원은 돈 키호테를 발견했다. 그는 침대에 누워 있었는데 움직이지 않았다. 그때 소리쳤다.

"주막집의 문을 닫으시오! 아무도 가지 마시오, 여기에 한 사람이 죽었소!"

모두는 놀라서 싸우는 것을 멈추었다. 주막집 주인은 자기 방으로 돌아갔고, 마부는 자기 침대로, 마리토르네스도 자기 침대로 돌아갔다. 단지 돈 키호테와 산초만이 움직일 수 없었다. 그 단원은 범인을 잡기 위해서 불을 찾으러 나갔다. 주막집 주인은 불을 꺼뜨렸고 그 단원은 다른 등잔불을 켜기 위하여 난로로 갔다.

Página 58

제14장

피에라브라스 향유

잠시 후에 돈 키호테는 정신을 차리고 산초를 불렀다.

"친구 산초야, 자니? 자는 거냐, 산초야?"

"오늘 밤 모든 악마들이 다 나를 때린 것 같은데 어떻게 내가 잠을 자겠어요?" 산초가 대답했다.

"그걸 이렇게 생각해라." 돈 키호테가 말했다. "이 성은 마법에 걸려 있기 때문이다. 네가 내가 죽은 다음까지 비밀을 지키겠다고 맹세하면 네게 비밀을 하나 말해 주지."

"네, 맹세합니다." 산초가 대답했다.

"오늘 밤 내가 생각할 수 있는 가장 이상한 모험들 중의 하나가 일어났다." 돈 키호테가 말했다. "이미 네게 이 성은 마법에 걸려 있다고 말했지. 그래, 그렇지. 내 침대로 성주의 아름다운 딸이 왔고 그녀와 달콤한 대화를 하고 있었을 때 거인의 팔이 나를 내려쳤지. 어제의 싸움 이후보다 더 내 상태가 나빠질 정도로 나를 망가뜨렸어."

Página 59

"이 귀부인의 아름다움이란 보물은 아마도 마법에 걸린 어느 모로인이 지키고 있음에 틀림없어. 내가 할 일은 아니야."

"물론 저도 아니고요." 산초가 대답했다. "왜냐하면 모로인 사백 명 이상이 나를 때렸거든요."

"너도 때렸다고?" 돈 키호테가 물었다.

"그렇다고 제가 말 안 했던가요?" 산초가 말했다.

"친구야, 괴로워하지 마라." 돈 키호테가 말했다. "내가 우리의 고통을 위해서 마법의 향유를 만들겠다. 그러면 우리는 금방 낫게 될 거다."

시민 경찰 단원이 죽은 사람을 보기 위해서 불 켜진 등잔을 들고 방에 들어왔다. 산초는 그가 셔츠 바람에 수면 모자를 쓰고, 등잔불을 들고 아주 좋지 않은 얼굴로 들어오는 것을 보고 주인에게 물었다.

"주인님, 이 사람이 다시 우리를 벌주러 돌아온 마법에 걸린 모로인인가요?"

"모로인일 리 없다." 돈 키호테가 대답했다. "마법에 걸린 자는 어느 누구에게도 보이지 않는다."

"보이지 않는다면 느낄 수는 있겠죠." 산초가 말했다.

그 단원은 들어와서 그들이 말하는 것을 보고 놀랐다.

Página 60

돈 키호테에게 다가가서 그에게 말했다.

"여보시오, 어떠세요?"

"좀 더 예절을 갖추어야 할 것이오." 돈 키호테가 대답했다. "이 지역에서는 편력 기사에게 그렇게 말하는가, 이 얼간이 같은 놈아?"

그 단원은 그렇게 나쁜 대접을 받자, 등잔불을 들어 돈 키호테의 머리를 한 대 먹였다. 모든 것은 어둠 속에 남았고 그는 가 버렸다. 산초 판사가 말했다.

"틀림없이 주인님, 이 사람은 마법에 걸린 모로인입니다."

"그렇단다." 돈 키호테가 대답했다. "일어나라, 산초야. 성주를 부르거라. 향유를 만들기 위해서 그에게 기름 조금과 포도주, 소금, 로즈마리를 부탁하거라."

산초는 고통스럽게 일어나서 주막집 주인을 찾으러 갔다. 주막집 주인은 그에게 원하는 것을 주었고, 그는 그것을 돈 키호테에게 가지고 왔다. 돈 키호테는 재료들을 가지고 섞어서 끓였다.

향유가 완성되자 돈 키호테는 그것을 첫 번째로 시험해 보고 싶었다. 조금 마시자마자 토하기 시작하여 결국 위장에는 아무것도 남지 않게 되었다. 다음에는 땀을 많이 흘리기 시작했고, 그는 자기에게 옷을 입히고 자기를 혼자 놔두라고 부탁했다. 세 시간 이상을 잠들어 있었다. 잠에서 깼을 때 그는 훨씬 더 나아진 것을 느꼈다. 그렇게 해서 그는 그 향유가 효능이 있다고 믿었고, 그 후로는 두려움 없이 어느 싸움이라도 수행하기 시작할 수 있었다.

Página 61

산초 판사는 자기에게 향유를 달라고 그에게 간청했다. 돈 키호테는 승낙했고 산초도 역시 마셨다. 그러나 그의 위장은 주인의 위장만큼 예민하지는 않았다. 토하기 전에 몇 번이나 기절을 하고 땀을 많이 흘렸다. 죽는다고 생각했다. 그리고 몇 번이고 그 향유를 저주했다.

그것을 보고 돈 키호테는 말했다.

"산초야, 나는 이 모든 나쁜 것이 네가 기사가 아니기 때문에 일어난다는 생각이 든다."

"그렇다면, 왜 내가 그걸 마시게 했어요?" 산초가 항변했다.

그때에 산초가 다시 토했다. 모두가 그는 죽는다고 생각했다. 거의 그렇게 두 시간을 있었다. 움직일 수 없을 정도로 그렇게 상태가 안 좋았다.

하지만, 돈 키호테는 자신이 건강하다고 느낀 만큼 새로운 모험을 찾기를 원했다. 로시난테에게 안장을 놓고 종자의 당나귀를 준비했다. 다음에 산초가 옷을 입고 올라타는 것을 도와주었다.

Página 62

제15장

산초 판사의 헹가래

모두가 그들을 주의 깊게 바라보고 있었다. 그 두 사람이 주막집 문 앞에 있을 때에 돈 키호테가 주막집 주인을 불러 말했다.

"성주님, 우리는 당신의 성에서 좋은 대접을 받았습니다. 내 평생 매일 당신에게 감사하겠습니다. 저는 당신의 적을 복수해 주는 것으로 대가를 지불할 수도 있습니다."

주막집 주인은 대답했다.

"기사님, 나를 위해 복수하는 것은 필요 없습니다. 단지 제게 필요한 것은 주막집에서 쓴 것을 지불하는 것뿐입니다."

"그러면, 이것이 주막집이란 말인가요?" 돈 키호테가 반박했다.

"아주 정직한 주막이죠." 주막집 주인이 대답했다.

"여태 내가 속아 살았군요. 나는 성이라고 생각했는데요. 주막집인 만큼 당신은 지불을 면제해 주어야 합니다. 나는 편력 기사가 주막집에서 지불을 했다는 말은 들은 적이 없어요." 돈 키호테가 말했다.

Página 63

"제게 빚진 것을 지불하고, 이야기니 기사도니 하는 것들은 그만두시오." 주막집 주인이 대답했다.

"당신은 멍청이에 나쁜 주막집 주인이군." 돈 키호테가 대답했다.

그리고 아무도 그를 막지 못하게 하면서 주막집을 나왔다.

주막집 주인은 돈을 내지 않고 가는 것을 보고 산초 판사에게 돈을 받으러 갔다. 하지만 산초는 그에게 말했다.

"나의 주인님이 지불하지 않으신다면 나 역시 지불하지 않겠어요."

주막집 주인은 그를 위협했으나 산초는 기사도의 법에 반하지 않기 위해서 지불하기를 원하지 않았다. 불행한 산초의 운명은, 그 주막에는 즐겁게 삶을 사는 많은 사람들이 있었다는 것이며, 그들은 그를 놀려 먹기로 했다는 것이다. 그를 당나귀에서 끌어내리고 주막집의 뜰에서 헹가래를 쳤다. 그 불쌍한 종자는 소리쳤고 돈 키호테는 그를 도와주러 발길을 돌렸다. 주막집에 도착했지만 들어갈 수 없었다. 문이 잠겨 있었다. 그때 가축 우리 담 뒤로 산초가 공중으로 오르내리는 것을 보았다. 결국에는 그들은 헹가래 치는 것에 지쳐 그를 가도록 해 주었다.

산초는 하나도 지불하지 않은 것에 만족해하며

주막집에서 나갔다. 그럼에도 불구하고 주막집 주인은 빚에 대한 대가로 식량 자루들을 자기가 가졌다.

Página 65

제16장

양 떼의 모험

산초는 주인을 따라잡았고, 돈 키호테는 그를 보자 그에게 말했다.

“착한 산초야, 저 성이나 아니면 주막집이 마법에 걸린 것은 아주 분명하다. 너를 가지고 논 것이 유령들이 아니면 무엇이란 말이냐?”

“유령들이 아니라 보통 사람들입니다.” 산초가 대답했다. “제가 보기에는 우리들이 찾는 모험들은 우리에게 불행만을 갖다주는 것 같아요. 집으로 돌아가서 이제는 여기저기 다니지 말아야 할까 봐요.”

돈 키호테가 말했다. “기사의 모험들에 대해서 넌 정말 아는 게 별로 없구나. 입 다물고 인내심을 가져라. 곧 언젠가 이 일의 명예로움을 알게 될 것이다. 싸움에서 이기는 것보다 뭔가 더 좋은 것이 있으면 내게 말해 보아라.”

“그렇겠지요.” 산초가 대답했다. “하지만 우리가 편력 기사인 이래 우리는 싸움 하나도 못 이겼잖아요. 단지 우리는 몽둥이찜질과 헹가래 치기만 당했을 뿐이에요.”

Página 66

돈 키호테와 산초가 이러한 대화를 하고 있을 때 기사는 멀리서 그들을 향해 오고 있는 짙고 커다란 흙먼지를 보았다. 그것을 보고 산초를 돌아보며 말했다.

“오늘은 내가 운이 좋은 날이다, 산초야! 저 흙먼지가 보이느냐? 그래, 큰 군대로구나.”

“두 개인데요, 왜냐하면 이 다른 쪽으로 또 다른 흙먼지가 있어요.” 산초가 말했다.

돈 키호테가 다시 바라보니 그 말이 사실이었다. 그는 두 개의 군대가 그 평원에서 싸우려고 한다고 생각했기에 너무 기뻤다. 그러나 그 흙먼지는 다른 곳에서부터 오는 두 개의 커다란 양 떼들이 일으키는 것이었다. 하지만 흙먼지로 인해 양들은 보이지 않았고 산초는 군대라고 믿었다. 그때 돈 키호테에게 물었다.

“주인님, 우리는 무엇을 해야 할까요?”

“무어라고? 가난하고 의지할 곳 없는 자들을 도와야지.” 돈 키호테가 말했다. “산초야, 네가 알아야 할 것은 정면에서는 큰 섬 트라포바나의 주인인 알리판파론 황제가 오고 있다는 것이다. 그리고 이 다른 것은 그의 적인 아레망가도 브라소의 펜타폴렌이다. 그를 그렇게 부르는 것은 항상 오른쪽 팔을 맨살로 내놓고 싸움에 나오기 때문이지.”

계속해서 돈 키호테는 산초에게 군대들을 묘사하기 시작했다. 그러는 동안에 종자는 자기 주인이 가리키는 거인과 기사들을 찾지 못하고 이편 저편을 바라보고 있었다. 그리고 그에게 말했다.

Página 67

“주인님, 저는 거인들도 기사들도 보이지 않는데요. 아마 주막집에서처럼 모든 게 다 마법인가 보죠.”

“그게 무슨 소리냐?” 돈 키호테가 대답했다. “너는 말이 우는 소리와 북소리가 들리지 않느냐?”

“저는 단지 양의 울음소리만 들립니다.” 산초가 대답했다.

“산초야, 네가 갖고 있는 두려움이 잘 보지도 듣지도 못하게 하는구나. 네가 그렇게 두렵다면 비켜서서 나를 홀로 있게 하여라. 나 혼자서도 내가 돕는 사람이 승리하게 하기에 충분하다." 돈 키호테가 말했다.

이렇게 말하면서 양 떼 가운데로 들어가서 양들을 때리기 시작했다. 목동들이 그러지 말라고 소리 질렀다. 그렇지만 그들의 말을 듣지 않자 그에게 무릿매 줄을 이용하여 돌을 던지기 시작했다.

돌 하나가 그의 갈비뼈에 맞아서 몸에 박히게 되었다. 상태가 나빠지자 그는 향유를 꺼내서 조금 마셨다. 하지만 아몬드 열매 같은 돌이 날아와 손에 맞았다. 그 돌은 향유병을 깼고 돈 키호테 입에서 서너 개의 이를 빼앗아 갔다.

돈 키호테는 충격으로 바닥으로 떨어졌다. 목동들이 가까이 다가왔고 돈 키호테가 죽었다고 생각했다. 그들은 황급히 가축들을 모으고, 죽은 양들을 메고 가 버렸다.

Página 68

산초는 자기 주인의 미친 짓을 바라보고 있으며 그를 알게 된 것을 저주했다. 그를 찾으러 가서 그가 심하게 다친 것을 발견했다. 그리고 그에게 말했다.

"그들은 군대가 아니라 양 떼라고 제가 말씀 드리지 않았습니까, 돈 키호테 주인님?"

"산초야, 나를 쫓고 있는 마법사들은 군대를 양 떼로 변신시켰다." 돈 키호테가 말했다. "이 모험으로 얻을 수 있는 영광을 질투하고 있었지. 네 당나귀를 타고 그들을 따라가거라. 곧 어떻게 진짜 사람으로 변하는지 보게 될 것이다. 하지만 지금 가지는 말아라, 내가 너의 도움이 필요하구나. 가까이 와서 나한테 몇 개의 어금니와 이빨이 부족한지를 보아라. 내 생각에는 입에 하나도 남아 있지 않은 것 같구나."

산초는 다가갔고, 바로 그때, 향유의 효과를 보았다. 돈 키호테는 산초의 얼굴에다가 안에 있던 모든 것을 토해 냈다.

"성모 마리아님!" 산초가 말했다. "이게 무슨 일이지?"

하지만 색깔과 냄새로 그는 그것이 향유라는 것을 알아챘다. 그는 당나귀에게 가서 자루에서 닦을 것과 주인을 치료할 수 있는 뭔가를 찾으려 했다. 그리고는 그것을 찾지 못하자 거의 미칠 지경이었다. 자신을 저주하고 기사를 남겨 두고 집으로 돌아가기로 결심했다.

Página 69

돈 키호테는 일어나서 종자가 있는 곳으로 다가 갔다. 그가 슬픈 모습으로 생각에 잠긴 것을 보고 그에게 말했다.

"산초야, 우리에게 일어나는 모든 것은 곧 좋은 일이 일어날 거라는 표시이다. 악이 오래 지속되었으니 선이 이제 가까이 있다. 너는 나에게 일어나는 불행에 대해서 걱정할 필요가 없다. 너한테는 해당되지 않는다."

"어떻게 안 되나요?" 산초가 대답했다. "어제는 제가 헹가래를 당했고 오늘은 식량이 없는데요."

"식량이 없다고, 산초야?" 돈 키호테가 말했다.

"네, 없어요." 산초가 대답했다.

"그렇다면 오늘 먹을 게 하나도 없구나." 돈 키호테가 대꾸했다. "하지만 다 괜찮다. 당나귀를 타거라, 산초야, 내 뒤에 오너라. 신이 우리를 도와주실 것이다."

"나리께서 말씀하시는 대로 되겠지요. 그리고 지금은 밤을 보낼 수 있는 장소를 찾도록 하지요." 산초가 대답했다.

"어디로든지 안내를 하거라." 돈 키호테가 말했다. "하지만 나에게 네 손을 좀 다오. 그리고 몇 개의 어금니와 이가 없는지 보아라."

Página 70

산초는 손가락을 넣었고 그리고 말했다.

"이쪽에 나리께서는 몇 개의 어금니를 갖고 계셨나요?"

"네 개." 돈 키호테가 대답했다. "모두 완전하고 튼튼한 거지."

"나리, 확실하신가요?" 산초가 대답했다. "아래에는 어금니 두 개 반이 있고 위에는 하나도 없어요."

"난 왜 이리 불운할까!" 돈 키호테가 말했다. "어금니 없는 입은 돌 없는 맷돌과 마찬가지이지. 올라타라, 친구야. 그리고 안내해라. 내가 너를 따라가겠다."

산초는 그렇게 했고, 국도를 따라서 쉴 수 있는 어느 장소를 향했다.

Página 71

제17장

사체의 모험

그들을 향하여 오고 있는 많은 불빛을 본 것은 이미 밤이 되어서였다. 산초는 놀라서 떨기 시작했다. 돈 키호테도 소름이 끼쳤다.

그때에 말하기를,

"산초야, 이것은 위험하고도 대단한 모험이다."

이 두 사람은 길 한쪽으로 물러서서 그 빛들을 주의 깊게 바라보았다. 그들은 곧 가운 걸친 사람들을 발견했는데 그들은 모두 말을 타고 손에는 불 붙인 횃불을 들고 있었다. 뒤에는 검은색으로 덮인 들것이 가고 있었다. 돈 키호테는 그 들것에는 다치거나 아니면 죽은 기사가 있을 것이라고 상상했다. 오직 그만이 복수할 수 있었다.

그래서 길의 한가운데 서서 말했다.

"멈추시오, 기사 양반들. 당신들은 누구이며, 어디를 가고 있고, 그 들것에는 무엇을 가지고 가오?"

"우리들은 급하기 때문에 멈출 수가 없습니다." 가운 걸친 자들 중의 하나가 대답했다.

Página 72

돈 키호테는 그 대답에 화가 나서 반복해서 말했다.

"멈춰 서서 내가 물은 것에 대해 대답을 하시오. 그렇지 않으면 당신들 모두와 나는 싸울 것이오."

그 가운 걸친 자의 노새는 놀라서 주인을 바닥으로 던져 버렸다. 돈 키호테는 다가가서 창을 그의 얼굴에 겨누고 항복하든가 그렇지 않으면 죽이겠다고 말했다.

떨어진 사람이 대답하기를,

"나는 다리가 부러져서 움직일 수가 없어요. 나를 죽이지 않기를 부탁합니다. 나는 학사로 열한 명의 사제들과 같이 바에사에서 오는 길입니다. 우리는 죽은 기사와 같이 세고비아로 가는데 거기에 그를 묻으려고 합니다."

"그러면 누가 그를 죽였소?" 돈 키호테가 물었다.

"열 때문이오." 학사가 대답했다.

"그렇다면," 돈 키호테가 말했다. "내가 그의 죽음을 복수해 줄 필요가 없겠군. 나는 라 만차의 기사로 돈 키호테라고 하오. 나의 소임은 불의를 바로 잡고 부정을 물리치는 것이오."

"도와주시오." 학사가 간청했다. "이 노새 밑에서 나갈 수 있게 말이오."

돈 키호테는 산초를 불렀고 그 사람을 도와주었다. 그때 산초가 말했다.

Página 73

"이 용감한 기사님이 누구인지를 알고 싶다면,

그의 이름은 돈 키호테 데 라 만차입니다. 또한 슬픈 몰골의 기사로도 알려졌지요."

이렇게 해서 그 학사는 가고 돈 키호테는 종자에게 물었다.

"왜 나를 슬픈 몰골의 기사라고 불렀느냐?"

"왜냐하면 횃불을 비출 때, 주인님은 여지껏 제가 본 중 가장 안색이 안 좋았어요." 산초가 대답했다.

그곳에서 떠나기 전에 돈 키호테는 그 들것의 시체에 뼈가 있는지 없는지 보고 싶어졌다. 그러나 산초는 그에게 그걸 말리면서 말했다.

"주인님, 식사를 하고 쉬러 가시죠. 죽은 자는 무덤으로 가고 산 자는 빵에게로요."

산초는 사제들의 식량을 빼앗았다. 그리고 자기 당나귀를 타고 주인에게 자기를 따라오라고 간청했다. 잠시 후에 그들은 외진 계곡을 발견했다. 그것에서 필요한 만큼 마음껏 먹었다. 하지만 그들에게는 또 다른 불행이 일어났으니 그것은 산초로서는 가장 최악이었다. 그들은 포도주도 마실 물도 없었다. 그래서 산초는 다음장에서 이어질 말을 했다.

Página 74

제18장

빨래방망이의 모험

산초가 말하기를, "이 풀들은 가까이에 샘이나 시냇물이 있다는 증거입니다. 좀 더 앞으로 가 보지요."

몇 발자국 안 가서 그들은 물이 흐르는 소리를 들었다. 그들은 매우 기뻐했다. 그러나 갑자기 아주 큰 소리를 들었다. 그것은 쇠와 쇠사슬의 무시무시한 타격 소리였다. 어둑한 밤이어서 그 소리들은 엄청난 두려움을 불러일으켰다. 그러나 돈 키호테는 용맹한 심장을 가지고 로시난테에 뛰어올라 말했다.

"충실한 종자야, 오늘 밤의 어두움, 고요함, 물소리들이 이 모험을 하게 하는 자극제가 되는구나. 여기서 사흘을 기다리거라. 그리고 내가 돌아오지 않으면 우리 마을로 가거라."

산초는 울기 시작했고 이렇게 말하기 시작했다.

"주인님, 이런 무서운 모험은 하지 마세요. 밤이고 아무도 우리를 보지 않으니까, 여기서 떠나지요."

"어떤 눈물이나 부탁도 내가 해야 할 것을 막지 못할 것이다." 돈 키호테가 대답했다.

Página 75

산초는 자기 주인을 다음 날까지 기다리게 하려고 생각했다. 그러기 위해서 로시난테의 발을 움직일 수 없게끔 묶어 버렸다. 그리하여, 돈 키호테가 출발하려고 했을 때에 출발할 수 없었다.

"주인님," 산초가 말했다. "하늘이 로시난테에게 움직일 수 없도록 지시했나 봐요."

돈 키호테는 해가 뜰 때까지 기다리는 수밖에 다른 방법이 없었다.

"걱정 마십시오." 산초가 대답했다. "기분 전환을 시켜 드리고자 제가 날이 밝을 때까지 이야기를 해 드리겠습니다."

그렇게 해서 종자는 그에게 토랄바라는 여자 목동의 이야기를 해 주었다. 끝날 무렵에 이 시골 귀족은 다시 한 번 로시난테를 움직이려고 해 보았지만 할 수 없었다.

이러는 동안, 산초는 다른 사람이 그를 위해서 할 수 없는 것을 해야 할 필요를 느꼈다. 하지만 (그가 가진) 두려움 때문에 자기 주인에게서 떨어져 있을 수 없었다. 그래서 바지를 내리고, 셔츠를 올리고, 엉덩이를 밖으로 내밀었다. 그렇지만 또 다른 문제가 있었다. 커다란 소리를 내지 않고는 대변을 볼 수 없었기 때문이었다. 이를 꽉 물고 어깨를 움츠리고, 숨을 죽였다. 하지만 모든 것이 소용없었다. 결국 소리를 조금 냈고 돈 키호테는 그 소리를 듣고 말했다.

"그건 무슨 소리냐, 산초야?"

Página 76

"모르겠습니다, 주인님." 그가 대답했다. "뭔가 새로운 것이겠죠."

산초는 다시 시도했으며, 이번에는 소리 없이, 가지고 있던 부담에서 해방되었다. 하지만 돈 키호테는 매우 예민한 후각을 가지고 있었기에 그 냄새가 그의 코에 도달했다. 그때에 손가락으로 코를 움켜쥐며 말했다.

"내가 보기에 산초야 너는 두려움이 매우 많구나."

"네, 그래요." 산초가 대답했다. "하지만 무엇으로 그걸 아시나요?"

"새삼스레 네게서 무척 냄새가 나니 말이다." 돈 키호테가 대답했다. "멀리 가거라. 그리고 앞으로는 나에게 좀 더 존경심을 가지거라."

이러한 대화로 이달고와 하인은 밤을 보냈다. 다음 날 아침에 산초는 로시난테를 묶은 것을 풀었다. 돈 키호테는 자기 말이 움직이는 것을 보고 그 모험을 하기로 결심했다. 그들은 약 백 걸음을 걸어가서 그 소음의 원인을 발견했다. 그것은 축융기에 달린 여섯 개의 망치였다. 그것들이 타격하는 것이 그 굉음을 만들었다. 돈 키호테가 그 모습을 보고 아무 말도 하지 못했다. 산초가 그를 바라보니, 부끄러워하고 있는 것을 보았다. 돈 키호테 역시 산초를 바라보니 웃고 있는 것을 보았다. 그래서 그도 역시 웃음을 터뜨렸다.

웃으면서 산초는 그 소리를 들었던 처음에 주인이 했던 말을 비웃었다. 그러나 돈 키호테는, 자기 종자가 자기를 비웃는 것을 보고 그를 창으로 두 대를 때렸다. 그러자 산초는 기사에게 용서를 구하고 비웃기를 그만두었다.

Página 77

제19장

맘브리노 투구의 모험

그때, 비가 조금 오기 시작했다. 산초는 풍차 안으로 들어가고 싶었다. 하지만 돈 키호테는 절대 원하지 않았다. 잠시 후에 돈 키호테는 말을 타고 있는 한 사람을 보았다. 그 사람은 머리에 무언가를 쓰고 있었는데 그것은 마치 금으로 된 것처럼 빛나고 있었다.

그것을 보자마자 산초에게 말했다.

"산초야, 내가 보기에는 한쪽 문이 닫히면 다른 문이 열리는 것 같다. 내가 착각하는 것이 아니라면 그 사람은 머리에 맘브리노의 투구를 쓰고 있다."

"말씀하시는 것을 잘 보세요. 빨래 방망이와 같은 것이 일어나지 않게요." 산초가 말했다.

"어떻게 내가 말하는 것을 내가 착각할 수 있겠니? 너는 말 위의 저 기사와 머리에 금으로 된 투구가 보이지 않니?" 돈 키호테가 대답했다.

"제가 보는 것은 당나귀를 탄 한 사람으로 그는 머리에 빛나는 무엇인가를 썼는데요." 산초가 대답했다.

Página 78

"그래 그것이 맘브리노의 투구이다." 돈 키호테가 말했다.

돈 키호테가 본 것은 이발사였다. 비가 오기에 젖지 않으려고 머리에 대야를 쓰고 있었다. 그런데 대야가 깨끗했기에 멀리에서도 반짝거렸다. 돈 키호테는 이발사를 공격했다. 그리고 말했다.

"너는 포로가 되었다, 네 자신을 방어하거나 아

니면 내게 빚진 것을 다오!"

이발사는 그를 보고, 당나귀에서 떨어져서 전속력으로 달려가 버렸다. 바닥에 대야를 남겨 놓았기에 돈 키호테는 매우 만족스러웠다. 산초에게 투구를 집어 오라고 명령했다. 산초는 그것을 집어 들고 말했다.

"이 대야는 좋은데요."

돈 키호테는 그것을 머리에 쓰고 말했다.

"이 투구는 아주 크구나. 그 주인이 머리가 컸었구나. 나쁜 것은 그에게 반쪽이 없다는 것이지."

산초는 대야를 투구라고 부르는 것을 듣고서 웃기 시작했다. 하지만 주인이 화난 것을 보고는 즉시 입을 다물었다.

그때, 산초가 말했다.

"그 마르티노가 여기에 남겨 놓은 이 당나귀는 어떻게 할까요?"

Página 79

"나는 좀처럼 내가 이긴 사람들에게서 약탈을 하지 않는다." 돈 키호테가 말했다. "그러니 산초야 그 말, 아니면 그 당나귀, 또는 뭐가 되든지 간에, 그것들을 놔두거라. 그의 주인이 우리가 가자마자 그것을 찾으러 돌아올 것이다."

"하느님은 내가 그것을 가지고 가고 싶어 하는 것을 아십니다." 산초가 대꾸했다. "아니면 하다못해 내 것과 바꾸지요. 내 것은 그리 좋지 못하니까요. 적어도 마구는 바꿔도 될까요?"

"네가 필요하다면 바꾸거라." 돈 키호테가 대답했다.

산초는 주인의 허락 하에 당나귀의 마구를 다른 것과 바꾸었다. 다음에 그들은 점심을 조금 먹고, 로시난테가 원하는 곳으로 길을 계속 갔다.

걸어가는 동안 산초는 돈 키호테에게 말했다.

"주인님, 며칠 전부터 제가 생각하는 것은 모험을 찾으면서 얻는 것이 거의 없다는 것이에요. 우리는 전쟁을 하고 있는 어느 황제나 왕자를 섬겨야 할 것이라고 생각이 되네요. 그래야 나리께서도 용기를 보여 줄 수 있고, 우리는 어떤 보상도 받을 테니까요."

Página 80

"틀린 소리는 아니구나, 산초야." 돈 키호테가 대답했다. "하지만 먼저 우리는 모험을 찾아서 세계를 다녀야 한다. 그렇게 해서 이름과 명성을 얻어야 모든 사람에 의해 알려지게 될 것이다."

"그렇다면, 하느님께 맡기고 운명이 가는 대로 놔둡시다." 산초가 대답했다.

"그렇게 될 것이다." 돈 키호테가 말했다.

이어서 눈을 들어서 본 것은 다음 장에서 말할 것이다.

Página 81

제20장

갤리선 죄수들의 모험

시데 하메테 베넹헬리가 이야기하기를, 이 대화 후에 돈 키호테는 눈을 들어 열두 사람이 길에서 걸어서 오는 것을 보았다고 한다. 그들은 쇠사슬로 묶인 채 가고 있었다. 또한 두 명의 감시병은 말을 타고 두 명은 걸어서 오고 있었다. 그들은 총과 칼을 가지고 있었다.

산초 판사가 그들을 보고 말했다.

"이건 쇠사슬에 묶인 죄인들인데요. 갤리선으로 강제로 끌려가는 왕의 죄수들이요."

"뭐 강제로 끌려가는 자들이라구?" 돈 키호테가 물었다.

"범죄로 인해서 선고 받은 사람들이요. 그들은 갤리선에서 왕에게 봉사를 해야 해요." 산초가 대답했다.

"그렇다면, 이 사람들은 원해서가 아니라 강제로 가는 것이라고?" 돈 키호테가 말을 받았다.

"그렇습니다." 산초가 말했다.

Página 82

"그렇다면 나는 나의 임무를 수행해야 하겠구나. 폭력을 막고 불쌍한 사람들을 돕는 것 말이다." 그의 주인이 말했다.

돈 키호테는 그 죄수들에게 다가가서 첫 번째 사람에게 그의 죄가 무엇인지를 물었다. 그는 그에게 대답하기를 사랑 때문에 붙잡혀 가고 있다고 했다.

"단지 그것 때문에?" 돈 키호테가 반문했다.

"나리께서 생각하는 그런 사랑이 아닙니다." 죄수가 말했다. "나는 하얀 옷이 가득 들어 있는 바구니를 너무 갖고 싶어서 그것을 훔쳤어요."

이달고는 두 번째에게도 마찬가지로 물었다. 그러나 그는 아무 대답을 하지 않았다. 첫 번째 죄수가 말했다.

"이 자는 음악가이기 때문이에요."

"그래, 뭐라고?" 돈 키호테는 반복해서 말했다. "음악가이기에 역시 갤리선에 간다고?"

"이 죄인을 고문해서 범죄를 자백했어요." 그 죄수가 말했다. "그는 가축 도둑이었어요."

다음에 세 번째로 가서 다른 죄수에게 물었던 것을 물었다. 그 자는 대답했다.

Página 84

"나는 10두카도가 부족해서 5년간 갤리선으로 갑니다."

"네가 풀려나도록 내가 20두카도를 주지." 돈 키호테가 말했다.

"그것은 바다 한가운데에서 돈을 가지고 있는 것과 같아요." 죄수가 대답했다. "사야 할 곳이 없어 굶어 죽는 것처럼요. 그 돈으로 풀려날 수 있게 사람들이나 샀으면 좋았을 것을."

돈 키호테는 다음 죄수에게로 가서 그의 범죄를 물어보았다.

"나는 너무 많은 여자들을 농락해서 가족이 불어났어요. 모든 게 입증되었고 도움을 얻을 수 없어 나에게 갤리선 노역 6년을 명령했어요."

드디어 얼굴이 반반해 보이는 사람이 왔다. 약서른 살쯤 되었고 눈은 사시였다. 다른 사람들보다 더 많은 쇠사슬로 묶여 있었다. 돈 키호테는 왜 그리 많은 쇠사슬에 묶여 있는지 물었다. 감시병은 대답하기를 그는 다른 모든 사람들의 범죄보다 더 많은 범죄를 지었다고 했다.

"무슨 죄를 졌기에 그를 꼭 갤리선으로 데려가는 건가?" 돈 키호테가 말했다.

Página 85

"10년 동안이요, 죽음이나 마찬가지지요." 감시병이 대꾸했다. "이 사람이 그 유명한 히네스 데 파사몬테예요."

"기사 양반, 우리에게 줄 것이 있다면 지금 주시오. 그렇지 않으면 우리를 편히 놔두시오." 히네스가 대답했다. "내 삶을 알고 싶다면 내가 히네스 데 파사몬테요. 이 손으로 내 인생을 글로 썼지요."

"당신의 책은 훌륭하오?" 돈 키호테가 말했다.

"너무 훌륭해서 '라사리요 데 토르메스'가 힘들 정도이지요." 히네스가 대답했다.

"그러면 책 이름이 뭐요?" 돈 키호테가 물었다.

"'히네스 데 파사몬테의 일생'이오." 그가 대답했다.

"끝마쳤소?" 돈 키호테가 물었다.

"어떻게 끝마칠 수가 있겠소?" 그가 대답했다. "아직 내 인생이 끝나지 않았는데."

그리고 나서 돈 키호테가 말했다.

"친애하는 형제들이여, 당신들의 잘못으로 인해 당신들은 벌 받는 거요. 하지만 당신들은 당신들이 겪게 될 고통이 마음에 들지 않을 거라는 걸 난 알고 있소. 그래서 나는 당신들의 감시병에게 당신들을 풀어 줄 것을 부탁하고 싶소."

Página 86

"바보 같은 소리! 우리를 그냥 내버려 두시오. 일을 공연히 복잡하게 만들지 마시오." 감시병이 대답했다.

"당신은 고양이고 나쁜 사람이오!" 돈 키호테가 대답했다.

그리고 이렇게 말을 하면서 감시병을 공격했고 그에게 상처를 입혔다. 처음에는 놀랐지만, 나머지 경비병들은 돈 키호테를 공격했다. 때마침 죄수들은 벗어나려고 했고 산초는 히네스 데 파사몬테가 쇠사슬을 푸는 것을 도와주었다. 히네스는 풀려나서 다친 감시병의 총을 잡았고, 나머지 감시병은 그를 보고 도망갔다.

산초는 감시병들이 시민 경찰단을 부를까 봐 걱정을 하고 있었다. 그래서 돈 키호테에게 그곳을 떠나서 산에 숨자고 빌었다.

"네 말도 알겠다. 하지만 이전에 다른 것을 해야 한다." 돈 키호테가 말했다.

그리고는 모든 죄수들을 불러 모아 그들에게 말했다.

"받은 도움에 감사하는 것은 가문 좋은 사람들이 하는 것이오. 내가 당신들에게 베푼 호의의 대가로 당신들은 토보소로 가서 둘시네아 부인을 만나시오. 그녀에게 이 유명한 모험을 이야기하시오."

히네스 데 파사몬테는 말했다.

Página 87

"우리의 해방자시여, 나리께서 우리에게 지시하는 것은 불가능합니다. 우리는 길에서 같이 다닐 수가 없습니다. 왜냐하면 우리를 찾아낼 것이기 때문입니다."

돈 키호테는 히네스의 대답에 화가 나서 그에게 말했다.

"나쁜 놈의 자식아, 히네시오 파로피요 또는 어떻게 부르던지, 너 혼자만은 쇠사슬을 등에 지고 갈 것이다."

파사몬테는 돈 키호테가 미쳤다고 생각하고는 그에게 돌을 던지기 시작했다. 다른 죄수들도 역시 그에게 돌을 던졌다. 그에게 돌을 세게 던져서 그는 바닥으로 떨어졌다. 그리고는 모두들 도망가 버렸다. 그렇게 해서 당나귀와 로시난테, 산초와 돈 키호테만이 남았다.

Página 88

제21장

모레나 산맥의 모험

자기가 많이 다친 것을 알고 돈 키호테는 종자에게 말했다.

"산초야, 나는 평민들에게 선을 베푸는 것은 아무 쓸모가 없다는 말을 항상 들어 왔다. 네가 한 말을 믿었어야 했구나. 하지만 이미 벌어진 일이다. 인내심을 갖고 이제부터라도 배워야지."

"그렇다면 이제라도 저를 믿으세요." 산초가 대답했다. "그러면 더 큰 해는 피할 수 있을 거예요. 시민 경찰단에 편력 기사는 없네요."

"산초야, 너는 천성적으로 겁쟁이지." 돈 키호테가 말했다. "그러나 이번에는 너의 충고를 내가 받아들이마."

돈 키호테는 말에 올라탔고 산초도 자기 당나귀에 올라탔다. 다음에 그들은 모레나 산맥으로 들어갔다. 산초는 혹시나 그들이 죄수들을 풀어 주었다고 벌을 주려고 찾을까 봐 그곳에 숨고 싶었다.

돈 키호테가 그 산속으로 들어갔을 때, 그의 마음은 기뻤다. 그는 모험을 찾기에 그곳이 이상적인 장소라고 생각하고 있었다.

Página 89

갑자기 돈 키호테는 멈춰 섰다. 그는 창으로 바닥에 있는 무언가를 들어 올리려고 했다. 그것은 방석과 가방이었다. 그것들은 반쯤 썩고 헤져 있었다. 돈 키호테는 산초에게 가방을 열어 보라고 했다.

산초는 재빨리 그것을 열었다. 가방 안에는 셔츠 몇 벌과 손수건 한 장, 금화 몇 에스쿠도가 있었다.

산초는 그것을 보고 말했다.

"하늘이여 축복을 내리시길! 드디어 쓸모가 있는 모험이구나."

또 발견한 것은 작은 메모장이었다. 돈 키호테는 그 메모장을 달라고 하고 산초에게는 돈을 갖고 있으라고 명했다.

Página 90

제22장

돈 키호테의 고행

그 둘은 산에서 가장 가파른 곳으로 들어갔고 그때 산초가 말했다.

"주인님, 이런 산에서 길을 잃고 헤매는 것도 기사도의 올바른 법칙인가요?"

"잠자코 있어라, 산초야. 내가 이 산에서 온 땅에서 내게 영원한 명성을 줄 위훈을 세울 것이다." 돈 키호테가 말했다.

"그러면 매우 위험한가요?" 산초 판사가 물었다.

"아니다, 모든 것이 네게 달려 있다." 슬픈 몰골의 기사가 대답했다.

"나에게요?" 산초가 말했다.

Página 91

"그래, 왜냐하면 네가 지금 내가 너를 보내려고 하는 것에서 빨리 돌아온다면, 나의 고통은 빨리 끝날 것이고, 영광이 시작될 것이다." 돈 키호테가 말했다. "산초야, 나는 네가 아마디스 데 가울라는 가장 완벽한 편력 기사였다는 것을 알았으면 좋겠다. 나는 기사단의 완벽함에 도달하기 위해서 그를 본받고 싶구나. 이 기사는 오리아나 부인에게서 무시되자 페냐 포브레에서 고행을 하려고 물러났을 때 그의 용기를 보여 주었다. 이곳이 바로 내가 고행하기에 아주 좋은 장소이다."

"하지만 이 먼 곳에서 나리는 무엇을 하시려는 건가요?" 산초가 말했다.

"아마디스를 본받아 절망자가 되려고 한다." 돈 키호테가 말했다.

"제가 보기에는 그렇게 한 기사들은 이유가 있었던 것 같은데요. 하지만 나리는 어떤 이유로 미쳐 버리신 건가요?" 산초가 말했다.

"그것이 나의 장점이다. 이유가 있어서 미치는 것은 쉽다. 하지만 이유 없이는 더 가치가 있는 것이야." 돈 키호테가 대답했다. "나는 미쳤고 네가 둘시네아에게 가지고 갈 편지의 답을 가지고 돌아오기까지 나는 미쳐 있어야 한다."

Página 92

이야기하면서 그들은 산기슭에 도착했다. 그곳으로는 작은 시내가 흐르고 있었다. 그 주변은 모두 녹색이었다. 야생의 나무들, 풀과 꽃들은 그 장소를 상쾌한 곳으로 만들고 있었다. 그곳은 슬픈 몰골의 기사가 고행을 하기 위해서 선택한 장소였다.

"산초야, 너는 삼 일 내로 갈 것이다. 이전에 내가 둘시네아를 위해 준비한 것을 네가 보고, 가서 그녀에게 말했으면 좋겠다. 나는 고행을 위해서 옷을 찢고, 무기를 버리고, 머리를 부딪히겠다." 돈 키호테가 말했다.

"주인님, 이제 겨우 삼 일이 지났다는 것을 생각하시길 바랍니다. 주인님의 모든 미친 짓을 본 것으로 하고, 부인께 멋지게 말할게요." 산초가 대답했다. "그러니 지금은 제가 빨리 갈 수 있도록 편지를 쓰세요. 왜냐하면 저는 이 연옥으로부터 나가고 싶거든요."

"우리가 발견한 이 메모장에 편지를 쓰겠다. 나중에 네가 좋은 종이에 그것을 옮겨 쓰도록 해라." 돈 키호테가 말했다.

"그러면 서명은 어떻게 하나요?" 산초가 물었다.

Página 93

"걱정하지 마라. 둘시네아는 글을 쓸 줄도 읽을 줄도 모른다. 그녀는 내 편지를 한 번도 본 적이 없다. 왜냐하면 우리의 사랑은 항상 정신적인(플라토닉) 것이었기 때문이다." 돈 키호테가 대답했다. "그녀를 사랑하는 12년 동안 나는 그녀를 네 번밖에 못 보았다. 게다가 그녀는 그걸 알지 못할 수도 있지. 그녀의 부모님이 그녀를 매우 얌전하게 키웠거든. 그녀의 부모님은 로렌소 코르추엘로와 알돈사 노갈레스지."

"로렌소 코르추엘로의 딸이 알돈사 로렌소라고도 불리는, 귀부인 둘시네아 델 토보소라고요?"산초가 말했다.

"바로 그녀다." 돈 키호테가 말했다. "그리고 당연히 우주 전체의 귀부인이지."

"제가 그녀는 잘 알지요. 착하고 남자 같은 아가씨이지요. 돈 키호테 주인님, 고백하건대 저는 둘시네아 귀부인이 공주라고 생각했어요." 산초가 말했다.

"그렇지만 내가 둘시네아 델 토보소에게 원하는 것은, 세상의 가장 높으신 공주만큼이란다." 돈 키호테가 대답했다. "나는 알돈사 로렌소가 아름답고 정숙하다는 생각만으로도 충분하다."

"옳으신 말씀이지요." 산초가 대답했다.

Página 94

돈 키호테는 메모장을 꺼내서 편지를 쓰기 시작했다.

끝났을 때 산초를 불러 읽어 보라고 했다.

둘시네아 데 토보소에게 보내는 돈 키호테의 편지

지고하고 높으신 부인:

당신의 부재로 인한 상처는, 감미로운 둘시네아 델 토보소여, 내가 가지고 있지 않은 건강을 당신에게 보냅니다. 당신의 아름다움이 저를 무시한다면 나는 이 고통을 견디지 못할 겁니다. 나의 훌륭한 종자가 당신에게 말씀드릴 겁니다. 오, 아름다운 은혜를 모르는 자여, 나의 사랑스런 적이여! 제가 당신으로 인해 어떻게 지내는지 말입니다. 당신이 저를 돕고 싶으시면 나는 당신의 것입니다. 그렇지 않다면 맘대로 하십시오. 나의 생명을 끊는 것으로 저는 당신의 잔인함과 나의 소원을 만족시키겠습니다.

죽을 때까지 당신의 것

슬픈 몰골의 기사

"아버지가 살아계실 때에도 전혀 들어 보지 못했던 가장 훌륭한 것입니다." 산초가 편지를 들은 다음에 말했다.

Página 95

돈 키호테가 말했다. "뒤에다 증명서를 하나 써

서, 내 자네에게 당나귀 세 마리를 선물하라고 조카딸에게 지시하겠네."

그것을 쓴 후에, 돈 키호테는 그것을 그에게 읽어 주었다. 이렇게 쓰여 있었다.

조카딸아, 나의 종자, 산초 판사에게 내가 집에 두고 온 당나귀 다섯 마리 중 세 마리를 주어라. 모레나 산맥에서 올해 팔월 이십이 일에 씀.

"좋습니다." 산초가 말했다. "이제 빨리 갈 수 있도록, 또 나리의 바보짓을 보지 않도록 로시난테에게 안장을 채우겠습니다."

돈 키호테가 말했다. "적어도, 너는 내가 발가벗고 미친 짓 스무 개쯤 하는 것은 보았으면 한다."

"제발, 주인님." 산초가 대답했다. "제가 나리의 벌거벗은 것은 보지 않았으면 해요. 나를 아주 슬프게 할 것이고 울음을 멈출 수 없을 거예요."

아주 서둘러서, 돈 키호테는 벌거벗고 깡충 깡충 뛰기 시작했다. 머리를 아래로 하고 산초가 보고 싶어 하지 않는 것들을 보여 주었다. 이제는 자기의 주인이 미쳤다는 것을 단언할 수 있는 증거들을 갖게 되었다.

Página 96

제23장

산초가 둘시네아에게 편지를 가져가다

산초는 토보소로 향하는 길로 나섰다. 자기 주인의 엉뚱함만큼이나 약간 혼란스럽게 갔다. 다음 날 그를 헹가래 치던 주막에 도착했다.

그는 들어가고 싶지 않았다. 그러나 식사 시간이었기에 들어갈지 말지를 결정하지 못한 채 주막집에 가까이 다가갔다. 그때에 그를 알아본 두 사람이 나왔다. 그들은 신부와 그 마을의 이발사였다.

한 사람이 다른 이에게 말했다.

"신부님, 저자는 산초 판사가 아닙니까?"

"그러네." 신부가 말했다.

그 두 사람은 돈 키호테에 대해서 물어보려고 산초에게 다가갔다. 신부가 그에게 물었다.

"친구, 산초 판사, 돈 알론소는 어디에 있나?"

Página 97

산초 판사는 그들을 알아보고는, 자기 주인이 있는 장소를 숨기기로 결심했다. 그들에게 그는 바쁘고, 더 이상 말해 줄 수 없다고 말했다.

"산초 판사야, 그가 어디 있는지 우리에게 말을 안 한다면, 우리는 자네가 그를 죽였다고 생각할 것이야." 이발사가 말했다.

"나를 협박하지 마세요. 나는 도둑질도 안 하고, 아무도 죽이지 않아요. 내 주인님은 이 산 한가운데에서 고행을 하고 계십니다." 산초가 대답했다.

이렇게 그들에게 자기들에게 일어난 모든 것을 이야기해 주었다. 귀부인 둘시네아 델 토보소를 위한 편지도 한 통 갖고 있다는 것도 역시 그들에게 말해 주었다.

신부와 이발사는 산초 판사가 그들에게 이야기해 준 것에 대해서 매우 놀랐다. 자기들에게 그 편지를 보여 달라고 그에게 부탁을 했다. 그는 그것이 메모장에 쓰여 있다고 말했다. 그리고 자기 주인이 제일 먼저 도착하는 곳에서 깨끗하게 옮겨 쓰라고 요구한 것도 말했다. 신부는 그에게 그것을 보여 달라고 했고 자기가 그것을 깨끗한 글씨로 옮겨 주겠다고 했다. 산초는 메모장을 찾기 위해 가슴 속에 손을 넣었다. 하지만 그것을 찾지 못했다. 그가 그것을 찾을 수 없었던 것은 그 메모장은 돈 키호테에게 있었기 때문이었다.

Página 98

산초는 그 메모장을 찾지 못하자 창백해졌다. 그리고는 느닷없이 자기 수염을 반쯤 뽑고 자기 뺨을 십여 대 때렸다. 신부와 이발사는 그에게 무슨 일이냐고 물었다.

"잠깐 사이에 세 마리의 당나귀를 잃어버렸어요." 산초가 대답했다.

"그게 뭔 소리냐?" 이발사가 대꾸했다.

"내가 메모장을 잃어버렸어요." 산초가 대답했다. "거기에 둘시네아에게 보내는 편지와 나에게 세 마리 당나귀를 준다는 증명서가 있어요."

신부는 그를 위로했고, 그에게 말하기를 돈 키호테가 약속을 지키게 해 주겠다고 했다. 이로써 산초는 진정되었다. 게다가 둘시네아를 위한 편지를 잃어버린 것은 큰 걱정거리는 아니었다. 왜냐면 그걸 거의 외우고 있었기 때문이었다.

"산초야 그걸 말하거라." 이발사가 말했다. "이어서 우리가 그걸 쓰겠다."

산초는 그 편지를 기억하려고 했다. 몇 차례는 바닥을 내려다보고 또 몇 차례는 하늘을 쳐다보고 하면서 그것을 기억해 내려고 했다. 잠시 뒤에 그는 말했다.

Página 99

"신부님, 기억이 잘 나지 않아요. 처음에는 "높으시고 헌 부인"이라고 했어요."

"'헌'이라고 말하지 않고 '초인적인' 아니면 '지고하신'이겠지." 이발사가 말했다.

"아, 그래요." 산초가 말했다. "이어서 계속되기는 '부상자가 당신의 손에 입 맞춥니다, 아름다운 배은망덕하고 아주 낯선 자여'. 그리고 다음은 그녀에게 보내는 무슨 건강인지 아니면 병인지 잘 모르겠어요. 마지막은 끝나기를 '죽음까지 당신의 것인, 슬픈 몰골의 기사'."

신부와 이발사에게는 산초가 기억하는 것이 무척 재미있었다. 그에게 두 번 더 그 편지를 말해 보라고 요구했다. 식사 후에 신부는 돈 키호테를 집으로 데려올 수 있는 계획을 생각해 냈다. 이발사에게 말하기를 자기는 아가씨의 복장을 하고, 그는 종자의 복장을 하자고 했다. 그렇게 하고 그를 찾아갈 것이었다. 신부는 슬픈 아가씨인 척할 것이었다. 돈 키호테에게 어느 기사가 자기에게 준 모욕을 없애기 위해 자기와 함께 갈 것을 부탁할 것이었다.

Página 100

제24장

신부와 이발사가 돈 키호테를 놀림

이발사가 보기에 신부의 생각은 나쁘지 않았다. 그래서 그것을 실천에 옮겼다. 그들은 주막집 여주인에게 치마 한 벌과 머리 수건 몇 개를 부탁했다. 이발사는 소 꼬리로 큰 수염을 만들었다. 주막집 여주인은 그들에게 무엇에 그것들을 원하는지 물었다. 그래서 신부는 그녀에게 돈 키호테의 미친 짓에 대해서 말하고, 변장은 그를 산에서 끌어내기 위한 것이라고 말했다.

다음에는 모두 작별 인사를 하고 떠났다. 그러나 신부는 성직자가 여자의 옷을 입는다는 것이 좋지 않다고 생각했다. 그래서 이발사에게 변장을 바꾸자고 부탁했다.

다음 날 그들은 산초가 자기 주인을 찾기 위해서 나뭇가지를 남겨 둔 곳에 도착했다. 산초는 돈 키호테를 찾으러 들어갔다. 그동안 신부와 이발사는 작은 시내 가까이에서 그를 기다리며 남아 있었다.

그때 한 슬픈 목소리가 그들의 귀에 닿았다.

Página 101

"아이고, 하느님! 제가 이곳에 숨는다는 것이 가능할까요?"

이런 말을 신부와 이발사는 들었고 그 소리의 주인을 찾아보기로 결심했다. 큰 바위 뒤에서 그들은 농부 복장을 한 젊은이가 시냇물에 발을 닦고 있는 것을 보았다. 그의 발은 두 개의 하얀 유리 조각 같았다. 그의 다리는 하얀 것이 석고 같았다. 다음에는 발을 말리고, 얼굴을 들었다. 비할 데 없는 아름다운 얼굴이었다. 그의 머리카락은 태양처럼 황금빛이었다. 그때 그들은 그 농부가 연약한 여자라는 것을 알아챘다. 그들의 눈이 지금까지 보았던 가장 아름다운 여자였다. 이름은 도로테아였다.

그들은 그녀가 누구인지 알아보기 위해서 숨었던 곳에서 나왔다. 그녀가 그들을 보았을 때 도망치려고 했지만 바닥에 넘어졌다. 그들은 그녀를 잡으러 갔고, 신부가 그녀에게 말했다.

"멈추시오, 부인, 우리의 의도는 당신을 돕기 위한 것입니다."

Página 102

제25장

미코미코나 공주

그때 그들은 목소리를 들었고 산초 판사라는 것을 알았다. 그들은 그를 보러 나가서 그에게 돈 키호테에 대해서 물었다. 산초는 그들에게 그는 벌거벗고 있고 말랐으며 누렇게 허기져 죽을 지경이라고 말했다. 그리고 귀부인 둘시네아를 그리워하고 있다고 했다.

신부와 이발사는 도로테아에게 돈 키호테를 집으로 데려가기 위하여 자기들이 가지고 있는 생각을 말해 주었다. 도로테아는 그들에게 그녀가 이발사보다는 아가씨 역할을 더 잘할 것이라고 말했다. 게다가 그녀는 기사 소설들을 많이 읽어봐서 불행한 아가씨의 행실을 잘 알고 있었다. 도로테아는 부유하고 대단한 귀부인처럼 보이기 위해서 드레스와 장신구를 꺼냈다.

산초는 신부에게 저 아름다운 부인이 누구냐고 물었다.

"이 아름다운 부인은 미코미코나 공주님이다. 너의 주인님께 거인을 하나 죽여 달라고 부탁하고 싶어 한다." 신부가 말했다.

Página 103

도로테아는 신부의 당나귀에 올랐고, 이발사는 수염을 달았다. 그들은 산초에게 주인이 있는 곳으로 자기들을 안내하라고 말했다. 잠시 뒤에 그들은 바위 사이에서 그를 찾아냈다. 옷은 입고 있었지만 무장을 하지는 않았다. 도로테아가 그를 보고서 그를 향해 가서 무릎을 꿇었다. 돈 키호테는 그녀를 일으키려고 했지만 그녀는 일어나려 하지 않고 그에게 말했다.

"저는 여기서 일어나지 않겠어요. 오, 용감하신 기사님! 제 부탁을 하나 들어주실 때까지는요."

"아름다운 귀부인이여, 바닥에서 일어나기 전에는 당신에게 대답하지 않을 것이요." 돈 키호테가 대답했다.

"주인님, 제가 요구하는 부탁을 들어주지 않으면 일어나지 않겠습니다." 슬픔에 잠긴 아가씨가 말했다.

"그렇게 해 주겠소." 돈 키호테가 대답했다. "나의 왕과 내 마음의 열쇠를 쥐고 있는 그녀에게 해가 되지 않는다는 조건으로 말이오."

그때에 산초 판사가 도착해서 자기 주인에게 귓속말로 했다.

"주인님, 미코미코나 공주님이 요구하는 부탁을 들어주세요. 단지 거인 하나를 죽이는 일이에요."

Página 104

돈 키호테는 아가씨에게 몸을 돌려 말했다.

"아름다운 귀부인이여, 일어나시오, 내가 그대가 요구하는 부탁을 들어주겠소."

"저와 함께 가 주시기를 부탁합니다. 나의 왕국을 훔쳐간 배신자를 복수할 때까지 어느 다른 모험도 하지 않겠다고 약속해 주세요." 그 아가씨가 말했다.

"그것을 받아들이겠소. 곧 신과 내 팔의 도움으로 당신의 왕국을 되찾을 것이오." 돈 키호테가 대답했다. "그러면 갑시다. 지체하다 보면 위험이 있다고들 하지 않소."

그렇게 모두는 귀환 여행을 시작했다.

Página 106

제26장

둘시네아의 답변

걸어가는 동안에 도로테아는 자기의 과거 이야기를 꾸며서 해 주었다. 왕국을 구하기 위해서 편력 기사를 찾던 이야기였다. 그녀의 아버지는 그녀에게 이 기사는 키가 크고, 얼굴이 마르고, 왼쪽 어깨에는 점이 있다고 말했다고 했다.

이 말을 듣고, 돈 키호테는 산초에게 말했다.

"산초야, 내가 옷 벗는 것을 좀 도와다오. 내가 그 현자가 예언한 그 기사인지 확인해 보고 싶구나."

"무엇 때문에 옷을 벗으려고 하시나요?" 도로테아가 말했다.

"당신의 아버지가 말한 그 점을 내가 갖고 있는지 보려고 그러오." 돈 키호테가 대답했다.

"필요 없어요." 산초가 말했다. "그 점이 있는 것, 저는 알아요."

"그거면 충분해요." 도로테아가 말했다. "제가 운이 아주 좋았군요. 아버지가 말한 그 기사를 찾았네요. 이제 그 거인을 죽일 거고, 원하신다면 저하고 결혼을 할 수도 있어요."

Página 107

"네가 보기에는 어떠냐, 친구 산초야?" 돈 키호테가 말했다. "이제 우리는 통치할 왕국과 결혼할 왕비가 있구나."

산초는 기뻐서 펄쩍 뛰었고, 그녀를 왕비와 귀부인으로 받아들이겠다는 표시로 도로테아의 손에 입 맞추었다. 그러나, 그때, 돈 키호테가 말했다.

"그 거인을 죽인 후에 당신은 원하시는 대로 하시지요, 공주님. 그런데 제가 다른 여자와의 기억이 꽉 차 있고 사랑으로 붙잡혀 있는 동안은 결혼하지 않겠습니다."

산초에게는 기사가 말한 것이 아주 마음에 들지 않았다. 그래서 소리를 높여서 말했다.

"돈 키호테 주인님, 나리는 온전한 판단을 못하시는군요. 혹시 귀부인 둘시네아가 더 아름다운가요? 아니지요, 반도 안 되죠. 결혼하세요, 결혼하셔서 저를 후작으로 만들어 주세요."

돈 키호테는 자기의 둘시네아 부인에 그렇게 불리하게 말하는 것을 듣고 화가 나서 그를 창으로 때렸다. 산초는 도로테아 뒤로 가서 거기서 말했다.

"이 왕비님과 결혼하세요. 그리고 다음에 귀부인 둘시네아로 바꿀 수 있어요. 아름다움에 대해서는 제가 개입하지 않겠어요. 왜냐하면 저는 귀부인 둘시네아를 본 적이 전혀 없기 때문이죠."

"어떻게 네가 그녀를 본 적이 없단 말이냐?" 돈 키호테가 말했다.

Página 108

산초가 말했다. "말하자면 그녀를 천천히 보지

못해서, 그 아름다움에 주목하지 못했어요. 하지만 대체적으로 내가 보기에 좋았어요."

"이제 널 용서하지." 돈 키호테가 말했다. "그런데, 네가 온 이래 네게 둘시네아와 있었던 일에 대해 물어보지를 못했구나. 어디에서, 어떻게, 언제 그녀를 찾았느냐? 무엇을 하고 있더냐? 그녀에게 무어라고 말했느냐? 네게 뭐라고 대답하더냐? 내 편지를 읽고서 어떤 얼굴이었느냐? 누가 그 편지를 깨끗하게 옮겨 주었느냐?"

"주인님, 편지는 아무도 정서해 주지 않았어요. 왜냐하면 제가 그걸 가지고 가지 않았거든요." 산초가 대답했다.

"그렇지, 왜냐하면 그 메모장을 네가 출발한 이틀 뒤에 내가 발견했거든." 돈 키호테가 말했다.

"하지만 제가 나리께서 그걸 제게 읽어 주실 때 외웠거든요. 이후에 그걸 한 신부님께 말해서 제게 옮겨 주었어요." 산초가 대답했다.

"그 모든 것이 기쁘구나. 더 이야기해 보거라." 돈 키호테가 말했다. "그 아름다운 왕비는 무엇을 하고 계시더냐?"

Página 109

"집 마당에서 밀을 고르고 있었어요." 산초가 대답했다.

"그녀의 손이 닿은 것들은 진주 알들이겠구나. 그녀에게 내 편지를 주었을 때 무어라 하더냐?" 돈 키호테가 물었다.

"그것을 자루 안에 넣으라고 했어요. 체로 치는 일이 끝나기 까지는 그걸 읽을 수 없었거든요." 산초가 말했다.

"신중한 부인이시구먼! 그것은 천천히 그걸 읽기 위해서였어." 돈 키호테가 말했다. "나에 대해서 네게 무엇을 묻더냐?"

"그녀는 제게 아무것도 묻지 않았어요. 그러나 제가 나리께서 벌거벗고, 바닥에서 자면서, 먹지도 않고 고행을 하고 있다고 그녀에게 말했어요." 산초가 말했다.

"산초야, 그녀가 향기로운 향내가 난다는 것을 나에게 부인하지는 못하겠지."

"제가 말할 수 있는 것은," 산초가 말했다. "그녀에게서부터 남자 냄새 같은 것을 느꼈어요. 일을 하니 땀에 젖어 있었어요."

"그게 아닐 것이다." 돈 키호테가 대답했다. "넌 네 냄새를 맡았을 것이다. 가시 사이의 저 장미꽃이나 들의 저 백합이 어떤 향기가 나는지 난 잘 알고 있다. 밀을 고른 다음에, 편지를 읽고서 무어라 하더냐?"

Página 110

"편지는 읽지 않았어요. 왜냐하면 읽을 줄도 쓸 줄도 모르기 때문이라고 했어요. 아무도 그것을 읽지 못하게끔 그것을 찢어 버렸어요. 나리께서 그녀에게 가지고 있는 사랑에 대해 제가 말한 것만으로도 충분하다고 했어요." 산초가 말했다. "마지막으로, 제게 손에 입 맞추라 하고 나리를 뵙기를 열망하고 있다고 했어요. 또한 제게 말하길, 이 산에서 나와서 그녀를 보러 토보소로 오라고 했어요."

"산초야, 내가 무엇을 신기해하는지 알겠느냐? 너는 날아서 재빨리 갔다 온 것 같구나. 갔다 오는데 단지 사흘 걸렸구나. 어느 내 마법사 친구가 네가 그렇게 빨리 길을 가는 것을 도와주었음에 틀림없다." 돈 키호테가 말했다.

그때에 이발사가 조금 기다리라고 말했다. 식사를 하기 위해서 멈추길 원했다.

돈 키호테는 멈춰 섰다. 산초도 기꺼이 멈춰 섰다. 이제는 거짓말하기에 싫증이 났었다. 게다가 돈 키호테가 그를 알아볼까 봐 두려웠다. 왜냐하면 사실은 생전 둘시네아를 한 번도 본 적이 없기 때문이었다.

Página 111

제27장

포도주 가죽 부대의 모험

그들은 식사를 끝내고 길을 계속 갔다. 다음 날 그들은 헹가래 치던 주막집에 도착했다. 산초는 들어가고 싶지 않았지만 피할 수 없었다.

주막집 여주인, 주인, 그의 딸과 마리토르네스가 아주 반갑게 돈 키호테와 산초를 맞으러 나왔다. 돈 키호테는 그들에게 인사하고, 자기에게 지난번보다 더 좋은 침대를 준비해 달라고 말했다. 주막집 여주인은 돈만 낸다면 그에게 왕자의 침대를 주겠다고 말했다. 돈 키호테는 돈을 내겠다고 말했다. 그래서 그에게 지난번과 같은 방에 침대를 준비해 주었다.

돈 키호테는 매우 피곤했기 때문에 잠자리에 들었다. 나머지 사람들은 남아서 소설 '당치 않은 호기심을 가진 자'를 큰 소리로 읽고 있었다.

잠시 후에 산초 판사가 돈 키호테의 방에서 매우 당황해서 나왔다. 큰 소리로 말했다.

Página 112

"여러분들, 서둘러서 우리 주인님을 도와주세요. 미코미코나 공주의 커다란 적을 칼로 쳤어요. 마치 무를 벤 것처럼 그의 머리를 잘라 버렸어요."

그때 방에서 많은 소리를 들었고, 돈 키호테는 소리쳤다.

"기다려라, 도둑놈아! 이제 너를 잡았다, 그러나 네 칼로는 안 될 거다."

그리고는 벽에다 여러 차례 칼을 휘두르는 것 같았다. 산초가 말했다.

"그냥 가만히 서 계시지만 말고요. 들어와서 우리 주인님을 도와주세요. 필요는 없겠지만요. 왜냐면 그 거인은 이미 죽었어요. 내가 바닥으로 피가 흐르는 것을 보았거든요. 잘려진 머리는 마치 포도주 부대처럼 아주 컸어요."

"틀림없이 돈 키호테 아니 돈 디아블로는" 주막집 주인이 말했다. "방 안에 있는 어느 적포도주 부대에 칼질을 했을 것이다. 그래서 흘러나온 포도주가 네가 보기에 피 같은 것이다."

Página 113

바로 방으로 들어가서 셔츠 바람의 돈 키호테를 보았다. 그의 다리는 아주 길었고 삐쩍 말랐으며 털이 많은 것이 전혀 깨끗하지는 않았다. 머리에는 기름기가 낀 빨간 모자를 쓰고 있었다. 왼쪽 팔에는 침대 담요를 들고 오른팔에는 칼을 들고 있었다. 돈 키호테는 사방팔방으로 칼질을 해댔고 마치 진짜로 거인과 싸움을 한 것처럼 말들을 했다. 게다가 눈은 뜨지도 않았었다. 왜냐하면 자면서 거인과 싸우는 꿈을 꾸고 있었기 때문이었다. 가죽 부대에 하도 칼질을 해대서 방 전체가 포도주로 가득 찼다. 주막집 주인은 매우 화가 나서 돈 키호테를 때리기 시작했다. 그때에 이발사가 찬물 한 통을 가져다가 돈 키호테에게 부었다. 드디어 잠에서 깨었다.

산초는 거인의 머리를 찾았는데 그걸 발견하지 못하자 말했다.

"이 주막에서 일어나는 일들은 모두 마법이에요. 지난번에도 이 방에서 누가 때리는지도 모르고 내가 매를 많이 맞았어요. 그리고 지금은 내 눈으로 직접 자르는 것을 본 그 머리가 없잖아요. 게다가 피가 샘처럼 나오고 있었거든요."

Página 114

"무슨 피 말이냐? 이 원수 같으니라고. 그 피가 가죽 부대에 있던 적포도주라는 게 넌 보이지 않느냐?" 주막집 주인이 말했다.

신부는 돈 키호테의 손을 잡았다. 돈 키호테는 모험은 끝났다고 생각했다. 그래서 신부 앞에 무릎을 꿇고 말했다.

"높으시고 유명하신 귀부인이시여, 이제 안전하게 지내실 수 있습니다. 그리고 저도 그렇습니다. 이제 저는 제게 요청하신 부탁을 완수했습니다."

주막집 주인을 제외한 모두는 주인과 종자의 터무니없는 일에 대해 웃었다. 이발사와 신부는 돈 키호테를 침대에 누일 수 있었다. 그는 너무 피곤했기에 다시 잠이 들었다. 후에 그들은 소설을 마저 읽으러 갔다.

Página 116

제28장

대야 투구

그들이 모두 주막집에 있는 동안 그곳에 많은 여행객들이 도착했다. 그들 가운데에는 대야의 이발사도 왔다. 그는 산초를 알아보고 그에게 말했다.

"아, 도둑놈아! 내 대야를 돌려다오!"

산초가 그 이발사를 한 대 때리자 입에는 피로 가득 찼다. 이발사는 계속 산초가 도둑이라고 부르며 소리 질렀다.

"거짓말하는 거예요." 산초가 대답했다. "우리 주인님은 정당하게 이 대야를 얻었어요."

큰 소리를 듣고 주막집에 있던 사람들이 모두 나왔다. 돈 키호테는 그 대야는 맘브리노의 투구라고 말했고 이발사는 대야라고 말했다.

"산초야, 투구를 보여 주어라." 돈 키호테가 말했다.

산초는 대야를 들어 자기 주인에게 주었다.

Página 117

"모두 맘브리노의 투구를 보시오." 돈 키호테가 말했다.

그곳에 있는 모든 사람들 사이에서 그 대야가 투구인지 아닌지를 결정하는 법정이 만들어졌다. 그들은 의견이 일치되지 않아서 결국은 모두가 싸움으로 끝을 맺었다. 갑자기 돈 키호테가 소리 질렀다.

"모두 멈추시오! 목숨을 부지하고 싶으면 내 말을 들으시오!"

모두 멈추었고 그 이달고가 말했다.

"이 성은 마법에 걸려있고 그래서 우리가 싸우는 것이오. 그러나 중요한 사람들이 바보 같은 짓 때문에 싸우는 것은 좋지 않소."

마침내, 모두가 진정하고 화해를 했다. 산초 판사는 이런 미친 짓에 질려서, 그 물건을 대야 투구라고 이름을 붙였다.

Página 118

제29장

돈 키호테를 가두다

이틀 뒤에, 그들은 길을 계속 가기로 결정했다. 신부와 이발사는 돈 키호테를 집으로 데려가기 위하여 한 가지 계획을 고안해 냈다. 그들은 우리를 하나 만들고, 돈 키호테를 우리에 가두어 데려가려고 소달구지 마부와 계약을 했다.

그들은 변장을 하고 조용히 시골 귀족이 잠자고 있는 방으로 들어갔다. 그의 손과 발을 묶었다. 잠에서 깼을 때 그는 움직일 수 없었고 무척 놀랐다. 그 마법 걸린 성의 유령들일 거라고 생각했다. 또한 그는 움직일 수도 이겨낼 수도 없었기에 자기가 마법에 걸렸다고 생각했다. 산초는 자기도 주인과 같은 병을 갖기 시작했지만 그 납치범들을 알아볼 수 있었다. 그러나 무슨 일이 벌어지는지 보려고 아무 말도 하지 않았다. 나머지 사람들은 우리를 가져다가 돈 키호테를 그 안에 가두었다. 다음에는 그 우리를 들고 방에서 나갔다.

그때에 이발사가 겁주는 목소리로 말했다.

Página 119

"오, 슬픈 몰골의 기사여! 당신이 실려 가고 있는 그 감옥 때문에 괴로워하지 마시오. 이 모험을 빨리 끝낼 필요가 있소."

그리고는 우리를 붙들어 소달구지에 올려놓았다. 돈 키호테는 자신이 우리에 갇혀 달구지 위에 있는 것을 보고서 말했다.

"나는 편력 기사 이야기를 많이 읽었다. 하지만 마법에 걸린 기사들을 이렇게 데려가는 것을 들은 적이 없다. 아마도 이 시대의 기사도와 마법은 옛 시대의 것과 다른 모양이군. 너는 어떻게 생각하느냐, 산초야?"

"모르겠어요. 왜냐하면 저는 그런 이야기의 전문가가 아니잖아요. 하지만 제 생각에 이 유령들은 아주 기독교적이지는 않은 것 같아요." 산초가 대답했다.

"기독교적이라구? 악마들이라면 어떻게 기독교적일 수가 있겠느냐? 그들을 만져 보아라. 그러면 육체가 없다는 것을 알게 될 거다." 돈 키호테가 대답했다.

"아이고, 이미 제가 그들은 만져 보았는데 이 악마는 제법 뚱뚱해요. 게다가 악마들은 유황 냄새가 난다고 하는데 이 자는 용현향 냄새가 나는데요." 산초가 말했다.

Página 120

돈 키호테는 우리 안에서 앉아서 가고 있었다. 창살 가까이에 있었다. 그가 움직이지 않으니 마치 석상 같았다. 그렇게 집으로 돌아가는 길은 시작되었다.

잠시 후에 그들은 한 계곡에 다다르자 휴식하기 위해서 멈춰 섰다. 그때에 산초는 그의 주인이 있는 우리에 다가가서 그에게 말했다.

"주인님, 얼굴을 가리고 있는 이 두 사람은 우리 마을의 신부와 이발사예요. 제 생각에 주인님을 우리에 가둔 것은 주인님의 유명한 행위를 질투하기 때문이에요. 마법에 걸리지는 않았다고 저는 생각해요. 증거로 주인님께 한 가지를 물어보고 싶어요. 이제 마법에 걸린 것이 아니라 속은 건지를 알게 될 거예요.

"아무거나 질문해 보아라, 산초야, 내가 네게 대답하마." 돈 키호테가 말했다. "하지만 네가 신부와 이발사라고 말하는 그들은 네가 잘못 알고 있구나. 그렇게 보일 수도 있겠지만 절대 그렇지가 않다. 나에게 마법을 건 자들이 너를 혼란시키기 위해서 그런 외모를 취했을 것이야."

Página 121

"나리 두뇌는 어찌 그리 나쁠 수가 있을까요? 제가 말씀드리는 게 사실입니다. 제가 증명해 보일게요. 우리에 갇힌 이후로 혹시 큰 거나 작은 거 용변을 보고 싶지 않으셨는지 알고 싶네요." 산초가 대꾸했다.

"여러 번이었지, 지금도 그렇고." 돈 키호테가 대답했다.

"아! 그것 보세요! 산초가 말했다. "사람이 마법에 걸리면 먹지도 않고 마시지도 않고 잠자지도 않는다던데요. 그러니 먹지도 않고 마시지도 않고 잠도 자지 않는 사람들은 제가 말씀드리는 이런 자연적인 일들을 하지 않아요. 왜냐하면 마법에 걸렸기 때문이죠. 하지만 나리처럼 하고 싶은 것이 있는 사람이나, 마시거나 먹거나 질문에 대답하는 사람은 마법에 걸린 것이 아니에요."

"네 말이 사실이다, 산초야. 하지만 이미 네게 말한 것처럼 마법에는 여러 종류가 있단다." 돈 키호테가 대답했다.

"이 감옥에서 나와서 로시난테를 타려고 해 보세요. 우리는 더 많은 모험을 찾아갈 거예요. 그게 불가능하다면 언제든지 우리로 돌아갈 시간은 있어요. 제 말이 맞지 않다면 나리를 제가 가두겠다고 약속할게요." 산초가 대꾸했다.

Página 122

"네 말도 일리가 있다, 형제 산초야." 돈 키호테가 대꾸했다. "그렇지만 네가 틀린 것을 알게 될 것이다."

산초는 신부에게 부탁하여 주인을 우리 밖으로 나오게 했다. 그래야 용변을 볼 수 있을 것이었다. 신부도 좋을 것 같았지만 돈 키호테가 도망갈까 걱정이 되었다.

"제가 책임질게요." 산초가 대답했다.

"게다가 나처럼 마법에 걸린 사람은 하고 싶은 걸 할 수 있는 자유가 없단다." 돈 키호테가 대답했다.

그들은 그를 우리에서 꺼내서 잠깐 동안 자유롭게 해 주기로 결정했다. 그러자 돈 키호테는 매우 기뻐했다.

Página 123

제30장

고행자들의 모험

그해에는 비가 오지 않았다. 그래서 모든 마을에서 신에게 비가 오게 해 달라고 기원하기 위한 행렬을 갖곤 했다. 가까운 마을의 사람들은 계곡에 있는 암자로 행렬 지어 가고 있었다. 돈 키호테는 그 고행자들의 복장이 이상한 것을 보고 모험이라고 생각을 했다. 거기에다가 그들은 초상을 치르는 성상을 갖고 있었기에, 돈 키호테는 악마들에 의해 납치된 부인이라고 생각했다. 로시난테에 올라타서 산초에게 칼을 달라고 말했다.

"용감한 동반자여, 그대는 세상에서 편력 기사가 얼마나 중요한지를 보게 될 것이다. 내가 포로가 된 저 부인을 해방시킬 것이다."

그리고는 전속력으로 그 행렬을 향하여 갔다.

"어디로 가시나요, 돈 키호테 나리?" 산초가 말했다. "우리 기독교 신앙을 거스르는 나리의 마음속에는 대체 무엇이 있는 건가요? 저거는 행렬이고 그 부인은 성모상이에요."

Página 124

돈 키호테는 부인을 해방시켜야 한다는 망상에 너무 사로잡힌 나머지 그 말을 듣지 못했다. 행렬에 다가가서 로시난테를 멈추고 걸걸한 목소리로 말했다.

"얼굴을 가린 너희들은 내 말을 듣거라."

고행자들은 멈춰 섰고 성직자 중의 한 명이 말했다.

"형제님, 우리에게 하실 말씀이 있으시면, 빨리 말하세요."

"이 아름다운 귀부인을 자유롭게 해 주거라. 그녀의 눈물과 슬픈 얼굴이 자신의 의지와는 반대로 가고 있다는 걸 분명히 보여 주고 있구나." 돈 키호테가 말했다.

이 말로 인해서 모두는 그가 미쳤다는 걸 알았고 웃기 시작했다. 돈 키호테는 몹시 화가 났다. 칼을 뽑아서 그 성상을 가지고 가는 자들을 향하여 갔다. 그들 중의 하나가 짐을 놓고서 그 이달고를 공격하기 위해서 지팡이를 잡았다. 돈 키호테는 그것을 반으로 쪼개 버렸다. 하지만 그 고행자는 지팡이 한 조각을 가지고 그를 때렸고 돈 키호테는 바닥에 떨어져 심하게 다쳤다.

산초 판사가 소리 지르며 주인을 찾아 뛰어갔다.

"더 때리지 말아요. 왜냐면 그는 마법에 걸린 기사로 평생 아무에게도 나쁜 짓을 한 적이 없어요."

Página 125

그 고행자는 돈 키호테가 발도 손도 움직이지를 않았기에 그만두었다. 그를 죽였다고 생각했기에 서둘러 들판으로 도망쳤다. 산초 역시 그가 죽었다고 생각하고 자기 주인의 몸 위에서 울고 있었다. 눈에 눈물이 가득한 채 말했다.

"오! 기사도의 꽃이여, 몽둥이 한 대에 수년의 생애가 끝났군요. 라 만차와 전 세계의 명예와 영광이여!"

산초의 외침과 신음소리로 돈 키호테는 다시 살아났고, 그가 말한 첫마디는,

"당신이 없이 사는 자는, 다정하신 둘시네아여, 지금의 불행보다 더 큰 불행에 얽매여 있습니다. 나를 도와다오, 산초야, 마법에 걸린 마차에 나를 옮겨다오. 내 어깨가 다 부서졌구나."

"그건 제가 기꺼이 하겠습니다, 주인님. 마을로 돌아가서 거기서 더 유익하고 유명해질 수 있는 출정을 준비하시지요." 산초가 대답했다.

"말 잘했다, 산초야." 돈 키호테가 대답했다.

Página 126

제31장

돈 키호테가 집에 돌아가다

마부가 수레를 준비하고 돈 키호테를 우리에 앉혔다. 뒤이어 그들은 집으로 길을 계속 갔다. 엿새가 지나서 그들은 돈 키호테의 마을에 도착했다.

일요일이었고 사람들이 광장에 있었다. 모두가 수레에 있는 것을 보려고 갔다. 그들은 돈 키호테가 그 안에 있는 것을 보고 모두 놀랐다. 한 소년이 뛰어서 돈 키호테의 여 조카와 하녀에게 소식을 알렸다. 그 두 사람은 돈 키호테가 들어오는 것을 보고 소리 지르며 그 기사에 관한 책들을 저주하기 시작했다. 산초 판사의 아내도 역시 왔다. 그에게 첫 번째로 물어본 것은 당나귀가 잘 있는지였다. 산초는 그녀에게 주인보다 더 잘 있다고 말했다.

"하느님, 감사합니다. 하지만 말해 봐요. 무엇을 벌었나요? 옷? 아니면 신발을 가져왔어요?" 그녀가 대꾸했다.

"그런 것은 하나도 안 갖고 왔소, 마누라. 하지만 더 중요한 것을 갖고 왔다오." 산초가 말했다.

Página 127

산초 판사와 그의 아내인 후아나 판사가 이런 대화를 하는 동안에, 하녀와 돈 키호테의 여 조카는 그의 옷을 벗기고 그를 낡은 침대에 재웠다.

돈 키호테는 자기가 어디에 있는지를 알지 못했다. 신부가 조카에게 말하기를 아저씨를 잘 돌보고 다시는 도망가지 못하도록 주의를 기울이라고 했다.

돈 키호테가 세 번째로 집을 나선 것은 라 만차의 전설에서도 유명하다. 이름난 마상 창 시합에 참가하기 위하여 사라고사로 갔다고들 한다.